BIBLIOTHÈQUE CONTEMPORAINE

JULES JANIN

L'INTERNÉ

PARIS
MICHEL LÉVY FRÈRES, ÉDITEURS
RUE VIVIENNE, 2 BIS, ET BOULEVARD DES ITALIENS, 15
A LA LIBRAIRIE NOUVELLE
1869

L'INTERNÉ

4177

Y²

43850

MICHEL LÉVY FRÈRES, ÉDITEURS

OUVRAGES

DE

M. JULES JANIN

FORMAT IN-8°

Les Gaietés champêtres............	2 vol.
La Religieuse de Toulouse.........	2 —

FORMAT GRAND IN-18

L'Ane mort......................	1 —
Barnave........................	1 —
Le Chemin de traverse............	1 —
La Confession...................	1 —
Un Cœur pour deux amours........	1 —
Les Contes du Chalet.............	1 —
Contes fantastiques et Contes littéraires.	1 —
Histoire de la Littérature dramatique..	6 —
L'Interné......................	1 —

L'INTERNÉ

PAR

M. JULES JANIN

> Jus et summa potestas
> Non coeunt.
>
> LUCAIN.

> On ne vit jamais un homme innocent
> d'injustice, étant tout-puissant.
>
> J. J.

DEUXIÈME ÉDITION

PARIS

MICHEL LÉVY FRÈRES, ÉDITEURS

RUE VIVIENNE, 2 BIS, ET BOULEVARD DES ITALIENS, 15

A LA LIBRAIRIE NOUVELLE

—

1869

Droits de reproduction et de traduction réservés

PRÉFACE

Dans les plus mauvais jours du mois sombre, à l'heure où la peur et le silence enveloppaient la France d'un crêpe funèbre, un vieil artiste avait posé sur les bords de l'Océan la chambre obscure inventée par Daguerre, et cherchait à reproduire un spectacle effrayant dans sa lugubre simplicité.

Il y avait dans le port du Havre une frégate en partance pour des régions inconnues. Les écoutilles étaient fermées; dans la prison flottante on n'entendait pas une plainte, un gémissement, une prière. Officiers et matelots, semblables à des fantômes, attendaient le signal du départ, mornes et résignés.

Enfin, la carène obéissante au flot qui gronde se perdit dans la brume en deux tours de roue, et la fumée disparut dans le nuage. Personne en ce moment sur la jetée; pas une voile à l'horizon.

L'homme ici présent n'avait jamais rêvé que tant de douleur et de désespoir pussent tenir dans cet étroit espace; il regardait encore au moment où rien n'était plus.

Rentré chez lui, son premier soin fut de s'assurer si la triste image était ressemblante?...

A peine il entrevit le mouvement des vagues, sous la nue, un brin de fumée, et le triste sillon qui va diminuant toujours.

« Les malheureux! se disait-il, les voilà partis pour un exil impitoyable. Ils n'ont pas rencontré sur leur chemin l'adieu même de leurs amis! Pas une voix sympathique, et pas une main qui leur soit tendue. Ils ignorent dans quelles régions, cette longue bière entraîne leurs destinées déplorables!... »

Le lendemain, toutes ses préparations étant faites, et la plaque argentée ayant reçu son dernier baptême, il voulut revoir l'image errante sur l'immensité... La plaque argentée avait à peine conservé l'ombre agitée et légère. L'espace avait tout dévoré. Mais quelle fut son épouvante, lorsqu'en levant les yeux, il découvrit au sommet de la falaise une vision douloureuse, sur laquelle, certes, le photographe ne comptait pas!

De ces hauteurs voisines du ciel, une femme au désespoir tentait de se précipiter, et c'était à grand'peine si deux personnages, encore très-apparents : une femme âgée, un vieillard, arrachaient à la mort cette humble victime.

Ce désespoir, respecté par le rayon qui avait emporté tout le reste, était comme une révélation soudaine de ces représailles qui n'avaient pas laissé plus de traces sur le flot de l'Océan, que dans la mémoire des persécuteurs.

Cependant quelle plus cruelle explication de ce départ sans pitié, pour un exil sans espoir?

Je ne sais comment il se fit que cette image incomplète arriva dans mes mains, tremblantes d'une ineffable émotion. En vain je l'éloignais de ma vue... hélas! mes yeux y revenaient toujours.

Après bien des hivers d'un pareil supplice, il advint qu'un jour de l'été brûlant, fouillant dans le musée intime que chacun de nous possède en son logis, je retrouvai cette plaque où rien n'était resté. Le drame au sommet de la falaise n'était plus qu'une ombre, et la jeune femme au désespoir avait disparu.

A peine si la vaine apparition du père et de la mère était représentée par deux mains levées au ciel. La malédiction était devenue une prière; la tragédie était à peine un souvenir.

Ainsi je fus quelque temps à reconnaître à ces fumées la scène désespérée... où même le souffle avait disparu.

Ce nouveau livre est tout à fait semblable au daguerréotype du vieil artiste; un brin d'iode, et vous avez une lamentation; au premier rayon tout s'efface. Ainsi va l'histoire! Le cœur de l'homme est ainsi fait!

L'INTERNÉ

I

Dans le pli d'une montagne, au péril du Rhône, il existe un village assez maussade, appelé *les Sablons*, habité par des vignerons, des pêcheurs et des mariniers. On n'entend guère en ce lieu, perdu sur la route éblouissante du Midi, que le bruit du fleuve ; on n'y voit que le va-et-vient de quelques barques emportant et rapportant peu de chose. On y fait du petit vin qui se boit dans le village; il en vient de meilleur des vignobles d'alentour. Les riches de céans mangent du pain frais tous les jours, les autres moins souvent, mais l'espérance et le beau temps font oublier bien des misères. Au demeurant les générations passent sans se plaindre; les vieillards y regrettent la vie et le travail.

Aux Sablons même, dans l'une des meilleures maisons du rivage, était né le héros de cette histoire, Auguste-Stanislas Ducoudray des Sablons. Sa mère était une aimable et simple bourgeoise, attachée à son logis, et n'ayant jamais été plus loin que quatre ou cinq lieues à la ronde, aux fêtes principales de l'année. Elle s'était mariée au baron Ducoudray pour quelques belles vignes et la grande maison qui représentaient, il y a cinquante ans, une assez belle dot. Mais, si son mari l'avait épousée pour sa fortune, en revanche elle avait accordé sa belle main rustique au *baron* (comme on disait dans le pays), moins pour son titre (elle était restée une bonne femme entre toutes) que pour cette apparence martiale, ce front superbe et cette voix impérieuse dont les accents la charmaient et lui faisaient peur.

Le baron avait servi dans la garde royale; il passait capitaine avant la révolution de 1830; mais, pour ne pas servir l'*usurpateur*, il brisa son épée, attendant que le roi Louis-Philippe ou quelqu'un de ses enfants le fît prier de la reprendre.

Avec un peu de cajolerie, il n'eût pas été tout à fait impossible de ramener dans les rangs de l'armée active le fidèle *colonel* baron Ducoudray. Ce fut sans doute une des causes prépondérantes de la révolution de 1848; l'armée avait perdu son Ducoudray.

De son côté, le baron ne sut pas combattre avec honneur l'oisiveté, mauvaise conseillère. Il commença par la tristesse, il finit par une haine inexpliquée. Il se comparait parfois à Cincinnatus... un Cincinnatus sans charrue; il courut, pour se distraire, à toutes sortes de misérables passions qui faisaient monter sans doute un pied de rouge au front de ses chastes ancêtres, et de grosses larmes dans les yeux de sa timide épouse. On s'entretenait, dans tout le pays, des scandales et des amours du baron. Sitôt qu'il était amoureux, il oubliait tout respect humain. Sa triste passion ne connaissait pas de bornes. Du reste, il obéissait au hasard, dans le choix de ses amours : tantôt sur le seuil du cabaret, tantôt dans une honnête maison. La bourgeoise et la paysanne également convenaient aux appétits de M. l'ancien officier de la garde. Enfin, il était royaliste; — plus il vieillissait dans le rien-faire, et plus il célébrait la majesté de ses rois légitimes. Ajoutez qu'il tirait volontiers son épée et qu'il s'était ménagé un grand renom de duelliste heureux. On se moque à Paris de ces traîneurs d'épée, on les redoute en province.

Ils sont la terreur des hommes, l'admiration des femmes de nos petites villes. Le baron, pour augmenter la terreur des bonnes gens, portait, tout éperonnées, des bottes à la hussarde et son chapeau sur le coin de l'oreille; un petit bout de ruban rouge à la boutonnière, un jonc à pomme d'ivoire, qu'il appelait sa canne de major, complétaient ce costume de capitan. S'il était de bonne humeur, il faisait le moulinet dans la rue, et c'était un *sauve qui peut* général.

La naissance de son fils Auguste avait été pour ce soldat réformé un grand sujet de joie et d'orgueil. Tant que l'enfant fut encore un petit être au bras de sa mère, le baron parlait à tout venant de la perpétuité de sa race et des promesses de son héritier. Mais comme il ne restait guère au coin de son feu en hiver, sous le couvert de ses châtaigniers aux jours de l'été brûlant, et qu'il ne rentrait qu'aux heures des repas quand il rentrait au logis, la mère et l'enfant avaient fini par s'aimer l'un l'autre, à tel point qu'ils ne pensaient au *maître* que s'ils entendaient son gros rire ou sa voix menaçante. On le redoutait même dans ses tendresses ; sa tendresse était rude et sa gaieté maussade. Il était sans cesse accompagné par cet invincible ennui, le cousin germain de la vanité d'un sot. Bref, *il bâillait sa vie,* et cette fois nous comprendrions la terrible expression de M. de Chateaubriand.

Si bien que, pour son châtiment, M. le baron Ducoudray des Sablons, lorsqu'il pensait avoir créé et mis au monde un petit gentilhomme, avait nourri, sans le savoir, un parfait démocrate. En vain il avait commandé dans toute la maison, et surtout à Mme la baronne, qu'on entourât d'attentions et de respects le naissant chevalier Ducoudray, afin que de très-bonne heure il se ressentît de sa noble origine... à peine si, tous les six mois, le métayer, quand il venait demander un sursis, s'informait de *M. le chevalier.*

L'enfant grandit vite; il fut de très-bonne heure un paysan, un vigneron, et pour tous les garnements du pays un camarade. Si parfois il fit sentir sa noblesse aux petits déguenillés ses amis, ce fut à grands coups de gaule. Il était le plus fort des enfants de son âge et se servait de sa force. Il fit ses études au collége voisin, dans cette admirable égalité qui nous reste encore de toutes les libertés que nous avons perdues. Bientôt, quand il eut atteint ses dix-huit ans, robuste, et qu'il se vit armé d'un beau diplôme, il partit plein d'espoir et de passions en tumulte pour l'École de droit de Paris.

Dans tout l'arrondissement des Sablons, le départ du jeune bachelier (qui l'eût appelé *chevalier* s'exposait à une vive riposte) fut un grand sujet d'inquiétude et d'étonnement. Aux yeux de tous ses compatriotes, il était resté l'héritier du titre et des droits de M. le baron;

le village, en dépit de tous ces horions donnés et reçus, ne reconnaissait pas d'autre seigneur dans l'avenir ; seulement ce brusque départ était un mystère. Abandonner une si belle maison en pierres meulières, un jardin de deux arpents, un champ de cinquante bicherées, une vigne de vingt tonneaux, une horloge, un vieux cheval, un salon si vaste, un meuble en velours d'Utrecht ! Les jeunes gens n'y pouvaient rien comprendre, les anciens en levaient au ciel leurs mains vénérables.

A peine à Paris, le jeune Ducoudray se sentit pris d'une grande et légitime ardeur de bien faire, et, sans souci de sa seigneurie, il étudia sérieusement le droit, la philosophie et l'économie politique. Or, les meilleurs parmi ces jeunes gens faisaient déjà leurs preuves de résistance à l'autorité. Leurs aspirations n'étaient rien moins que bienveillantes pour les puissants de ce bas monde. La première fois que la voix du jeune avocat se fit entendre au Palais de Justice, il défendait un groupe ardent de conspirateurs. Certes, il en fallait beaucoup moins pour faire un grand bruit dans ce petit village; aussi bien, quand le jeune avocat, enveloppé dans sa gloire naissante, reparut après un si long stage en ces Sablons, qui ne l'avaient pas perdu de vue, il y eut comme un grand cri de triomphe, et ce fut pour toute la contrée une grande fête. Chacun se félicitait de ce compatriote intrépide. « Il ira loin, » disaient-ils avec une grande admiration.

Les uns et les autres comprenaient déjà le succès de l'écrivain, l'énergie et la volonté de l'orateur, et qu'il touchait vraiment à la toute-puissance du siècle à venir : *Virtutes sœculi futuri.* — Un coup de foudre avança, beaucoup trop tôt, la fortune si bien commencée du jeune avocat. Ce tonnerre (il retentit à la gauche de notre nation) brisa, dans un ciel serein, un trône appuyé sur les respects de l'Europe et l'assentiment de tout un peuple.
— Étrange et cruel miracle ! Une fièvre immense envahit la nation libre et libérale, exaltant les humbles, abaissant les superbes.

La révolution nouvelle arracha le sceptre aux mains royales qui le portaient avec tant de clémence, et des débris du sceptre elle fit autant de fragments qu'il y avait d'ambitieux dans feu le royaume de France.

Un de ces précieux débris tomba dans les sables des Sablons, et les électeurs de la contrée offrirent leur part de royauté au *représentant* Ducoudray. On ne va pas plus vite en songe. Au nom de leur député, ces nouveaux venus dans la politique escaladaient l'âge d'or : Ducoudray (c'était leur rêve), des hauteurs de l'Assemblée nationale, enverrait à ses commettants le plant même du vin de Bordeaux, avec le blé que produit la Beauce et la luzerne nourricière des frais pâturages de la Normandie. Il fera désormais la pluie et le beau temps de son village, une pluie abondante et féconde, un soleil tempéré ; enfin, par-dessus le marché de tant de miracles, il affirmerait de sa voix puissante les libertés qui fermentent dans l'esprit des générations modernes.

La province entière accompagna le départ du grand citoyen pour la grande assemblée où l'attendaient Lacordaire et Béranger. Dans cette illustre représentation des espérances et des rancunes de la France, à côté des plus honnêtes gens, se plaça le journaliste-avocat Ducoudray. Sa double parole était comptée ; il montra tout d'abord l'esprit et le talent qui désignent les jeunes gens à la reconnaissance, au respect de leurs contemporains.

Trop peu de jours nous séparent encore de ces époques célèbres par tant de dévouements et de lâchetés, pour que nous soyons forcé de vous les raconter. Comment tomba l'innocente révolution de Février? — Les derniers-nés de cette heure mémorable en ont gardé le souvenir. Même ardeur dans la chute que dans l'élévation ; trois jours suffirent pour tout fonder et tout détruire. Ils disparurent dans la tempête et dans les malédictions de la foule injuste, ces hommes qui n'avaient pas fait une injustice. Ils furent traités comme autant d'ennemis, les plus éloquents parmi ces conducteurs de nations qui n'avaient pas commis une cruauté.

Dans ce mouvement terrible il advint que notre avocat-député, Auguste Ducoudray, après sa mise au secret, fut tiré de sa prison et condamné à cet étrange exil qui paraît au premier abord la peine la plus légère. Il ne fut pas exilé, il fut simplement *interné*.

L'interné reste en France; on lui permet d'y vivre en tel lieu qu'on lui désigne, et dont il ne peut plus sortir (quel que soit le nom qu'il porte) sans le congé de cette force qu'on appelle en Angleterre *la loi*, qu'on appelle chez nous *l'autorité*.

Les amis de Ducoudray se réjouirent de cette condamnation. — Quoi de plus simple au premier abord? Était-ce un si grand mal, quitter forcément et sans trahison le Paris des révoltes et des turbulences? Était-ce, en effet, une peine intolérable, après les agitations de la tribune, les combats de la rue et les batailles du journal, revenir dans son village et vivre en repos dans son jardin? Telles étaient les consolations que se faisait à lui-même ce jeune homme ignorant des peines du moindre exil. A son départ de Paris, il ne prit congé de personne, on le lui avait défendu. Deux hommes de police, avec mille déférences, l'accompagnèrent sur le quai du Rhône, à Lyon, et le déposèrent dans le bateau qui le devait conduire à sa destination.

Il avait quelques amis dans la ville, mais il était sous la surveillance de l'autorité, et le rivage était défendu à sa courtoisie. Elle est d'explication très-difficile, cette surveillance. Un œil vous voit, vous épie et vous suit; une oreille invisible est là qui vous écoute; une voix vous parle; un souffle aigu vous pousse. Il y a dans l'air je ne sais quel signe impérieux. « Passe là! — Viens ici! — Tais-toi! — Bouche close! — Oreille obtuse!... » La surveillance, une ombre, une fumée, une menace, un ordre. On ne sait pas toujours si l'on veille ou si l'on dort? Chacun, vous voyant libre en apparence, a bientôt deviné : un suspect, un hors la loi.

Il attendit deux longs jours dans ce bateau, sa seconde prison. C'était pourtant le retour du mois de mai; la barque heureuse allait autrefois, pleine de chansons, l'onde et le soleil se mêlant au feuillage, aux jardins, au bleu du ciel, sur l'une et l'autre rive. Hélas! le fleuve et la saison, tout avait changé. La barque joyeuse était devenue assez semblable à la carène du vieux nautonier des enfers. Un vivant parmi des ombres! *Gemit sub pondere cymba.* Plus il allait, plus le silence et le vide entouraient le voyageur. On eût dit qu'il était ramené chez lui, la tête couverte du voile noir des parricides. Grand Dieu! comment donc ces flots sombres, ces arbres, ces rivages, ces nuées, cette bise et ce vent du nord auraient-ils pu le reconnaître!... Il ne se reconnaissait pas lui-même; il avait perdu tout son prestige à ses propres yeux. Son éloquence était morte. Le style, ornement de la vie, avait disparu de cet esprit vaincu. Il n'était plus un homme, il était une chose enchaînée; il sentait la lourde chaîne; il entendait grincer le verrou; il s'agitait encore dans les senteurs putrides des cercles de Mazas. Il n'avait plus de pensée; la forme avec la pensée avaient fui loin de son front humilié. O douleur, misère et confusion !

Par le Rhône, à la descente, on va vite. On dirait le cheval de Mazeppa dans ses bondissements. Donc, à la fin d'un jour sombre, au moment où le soleil va disparaître, où l'ombre arrive, ajoutant par sa présence même une clarté surnaturelle aux dernières clartés du ciel, l'interné, mais cette fois sans joie et d'un regard morose, aperçut dans le lointain le rocher stérile et menaçant qui surplombe le village des Sablons. Il reconnut les vieux châtaigniers tordus par les vents, la crique où s'arrête un instant entre deux tourbillons le flot du fleuve, incertain de sa course. A la fin, voici surgir de ce milieu sévère et taciturne la maison paternelle. Évidemment elle n'attendait personne.

Autrefois, quand le jeune seigneur était attendu, quand il venait tout chargé de couronnes, et que la renommée à la trompette d'or jetait son nom glorieux à l'immense écho, qui le portait de la plaine au vallon, de la ville au hameau, la maison de la mère de famille apparaissait, la fenêtre ouverte et claire. La porte à deux battants s'ouvrait au retour de l'enfant grandi par les succès de l'écrivain et de l'orateur. Tout chantait, applaudissait, espérait, bénissait dans cet enclos de bénédiction. La fumée odorante au-dessus du toit fuyait, annonçant le repas du soir. Sur la terrasse où brillait le dernier rayon, la mère agitait son mouchoir; au pied de la terrasse, appuyé sur son bâton formidable, le père, attristé d'un peu d'envie, se faisait sa part dans les honneurs de son fils. Il y avait aussi la servante; elle criait : « Le voilà! le voilà! » Les pigeons roucoulaient, le coq chantait. Tous les amis, les bras tendus, recevaient leur illustre concitoyen : François, Étienne, Esprit, Claude, Agénor! En même temps, dans une ombre indiscrète, serrées l'une contre l'autre, arrivaient les voisines : Eugénie, Adèle, Albertine, Françoise, Marie et Félicité!

Le soir de ces beaux retours, le troupeau s'arrêtait plus longtemps à l'abreuvoir. L'An-

gelus tintait ses plus claires mélodies. Dans la vigne, où tout s'endort sous la pourpre, gazouillaient les becfigues en guise de joyeux avénement. Tout frémissait de joie et d'instinct; tout ce qui était jeune, en chœur avec les plus âgés. « *Mon enfant!* mon enfant! » disait le doux rivage. Ainsi l'espérance était mêlée au souvenir.

Mais aujourd'hui quel changement! Le village a peur, le village est mort. L'émeute et la provocation se pressaient hier encore dans ces ruelles bouleversées, et, ce soir, voici que des hommes et des femmes, repoussés par la force armée, ont accompagné jusqu'à ce port misérable leurs voisins, leurs amis, leurs enfants, vaincus dans l'émeute. — Hier encore ils faisaient entendre aux habitants de céans des menaces et des cris de vengeance, aujourd'hui même on les emmène enchaînés à leurs juges qui les réclament.

Ces habitants, ces vignerons, autant de captifs; tout à l'heure, ils vont monter à leur tour dans cette barque au sombre sillage. La barque à peine est arrêtée, aussitôt les cris et les larmes. — Voilà pourtant les ravages, en ce lieu si paisible, des colères et des passions de Paris!

Une heure a tout brisé dans ces existences rustiques, et quand le bateau chargé de ces pauvres émeutiers reprit son chemin sur le fleuve, au bruit d'une machine essoufflée, on entendit comme un gémissement d'âmes en peine. Puis, le bateau disparu, chacun, ayant bien pleuré, rentra dans son logis désert.

Ducoudray, resté seul sur cette rive désolée, cherchait à comprendre... Hélas! il avait tout compris! « Malheureux que je suis! c'est moi le premier qui pervertissais toutes ces âmes; je leur apprenais l'ambition, je leur enseignais la révolte. Ils n'ont entendu sortir de ma bouche imprudente que des malédictions. C'étaient des enfants, je les ai traités comme des hommes; ils ne savaient que louer et bénir, ils ont appris la malédiction à mon école. Ah! les malheureux! Que je les plains! Qu'ils sont à plaindre! »

Il aurait voulu les suivre afin de les conseiller ou de les consoler dans leur misère... Il se souvint qu'il n'était plus son maître. Ici s'arrêtait sa route ; il n'avait pas le droit d'aller en avant, non plus que de revenir sur ses pas.

Là, tout finissait pour l'interné. Chaque grain de sable lui disait : « Tu n'iras pas plus loin ! »

Il pouvait facilement, en longeant le rivage, entrer sans être aperçu dans le jardin de la maison paternelle, mais se voyant seul, abandonné, à cette même place où tant d'amis, naguère, le venaient recevoir, où tant de bras charmants le serraient à l'étouffer, il fut pris d'un immense désir de traverser le village et d'apprendre enfin si quelqu'un, par bonheur, daignerait le reconnaître ? Précaution misérable et vaine espérance ! Pas un homme à ta rencontre, ô pestiféré du coup d'État ! A la fontaine, personne, et personne au lavoir. Les boutiques étaient fermées. Plus il allait dans cette unique rue où chaque pierre autrefois lui disait bonjour, plus il se sentait envahi par cet abominable exil. Il était l'exil en personne; il entendait un reproche immense à travers cette désolation. « Tu fais de moi une prison, disait le village. — Une chaîne, disait la rue. — Un cachot, disait le jardin. — Exilé, captif, vaincu, va-t'en d'ici! ôte-toi du soleil des vivants! On a préparé, là-bas, tout au bout de l'univers, des lieux maudits où fleurit l'exil. Va-t'en là-bas, laisse-nous à nos peines! N'as-tu donc pas entendu tantôt se lamenter ces pères, ces mères, ces enfants, victimes de tes doctrines monstrueuses? » Les pierres même criaient : « Haro sur ce misérable ! » *Etiam lapides clamabant !*

Ces reproches et ces plaintes le suivaient, le précédaient, l'accompagnaient. Il était semblable à quelqu'un de ces malheureux qui tout d'un coup se déshonorent pour une carte biseautée, un dé pipé, un serment violé, un outrage accepté. — Honoré ce matin, pas un sur le midi ne veut le reconnaître. Il marche au milieu des ténèbres et des bourdonnements. Il eût donné tout au monde pour rencontrer un visage ami. Rien que des murs et des portes closes. Seulement, quand il avança près de la poste aux lettres, en longeant la fenêtre ouverte au rez-de-chaussée, il aperçut deux femmes vêtues de blanc, la mère et la fille, un enfant blond entre elles deux. La jeune femme était grande et de fière attitude; son visage touchait à la majesté.

« Ces dames ne me connaissent pas, se disait l'interné, je ne les ai jamais vues, c'est pourquoi sans doute elles me laissent passer sans détourner la tête. Si j'étais encore un des puissants de ce bas monde!... Aujourd'hui, que leur dire, comment les aborder? »

Comme il était en grand doute de savoir s'il oserait les saluer, déjà il avait perdu le moment propice, et par un brusque détour il descendit la ruelle où s'ouvrait aussi l'habitation de son père. Mon Dieu, qu'est-ce à dire? On ne voit pas une clarté dans la salle; on n'entend pas un bruit dans la cuisine! Il entre et reconnaît toute chose à sa place. Ici, le meuble en tapisserie, et sur la muraille, don Quichotte et Sancho aux noces de Gamache. Il y avait cinquante ans peut-être que la belle Quitrie engageait le bon Sancho à puiser hardiment dans la marmite succulente. A la muraille encore était fixé le portrait du grand-père, un officier de marine, en petit uniforme, orné de la croix de Saint-Louis. Le front du vieillard avait pâli; on eût dit qu'il maudissait son petit-fils. Jamais Ducoudray ne se fût douté que ce fût le même salon où se réunissait toute la famille, où tout causait, jasait, petillait, à l'unisson du feu de sarment.

Survint enfin la vieille servante. Elle l'avait nourri de son lait, elle l'avait porté dans ses bras. Certes, il comptait sur le bon accueil de cette femme autant que sur les embrassements de sa mère. Il fut épouvanté lorsqu'enfin elle lui reprocha de n'être plus qu'un sujet de honte et de douleur. « N'as-tu donc pas vu, lui disait-elle, partir pour les prisons de là-bas tous ces malheureux qui se sont révoltés en criant : Vive Ducoudray? » En même temps elle se mit à pleurer sur le sort d'un sien neveu que les gendarmes avaient emmené avec tant d'autres ; elle finit par une complète malédiction de celui qu'elle avait appelé si longtemps : son cher enfant !

Puis, comme elle voyait le jeune maître interroger la solitude : « Ah ! dit-elle, tu cherches ta mère ! Il y a huit jours qu'elle est morte. Monsieur était encore au secret dans le fond des prisons! Monsieur n'aura pas reçu la lettre d'adieu que sa mère lui envoyait!... voilà toute l'aventure! On porte le bonnet rouge, on ne porte pas le deuil de ses parents. »

Chacune de ces paroles impitoyables s'enfonçait dans le cœur du jeune homme. Accablé de toutes parts, poursuivi dans ses derniers retranchements, si, du moins, il eût rencontré un père ami de son malheur, un embrassement tendre, un regard plein de pitié! Mais le père, en ce moment, se vengeait de toutes ses humiliations longtemps dévorées. Qui le croirait? Le capitaine sans emploi était jaloux des succès de son fils. Il n'avait jamais compris que l'enfant de cette humble femme, une bourgeoise, eût conquis tout d'un coup l'enthousiasme et l'admiration de Paris, la grande ville. Il se sentait humilié dans ce qu'il appelait sa grandeur de capitaine, et s'étonnait fort que la moindre parole du chevalier fût comptée beaucoup plus que tous les exploits du baron des Sablons.

Tant que le représentant du peuple, avocat Ducoudray, avait tenu sa place au milieu des victorieux, le baron des Sablons avait pris patience. Il acceptait sa part de cette gloire. Au demeurant, il aurait eu mauvaise grâce à méconnaître un succès si prodigieux; mais sitôt que la fortune eut brisé l'idole, il fut des premiers à s'écrier que cette fois la fortune était juste, et que la France nouvelle ne pouvait pas appartenir plus longtemps à ces orateurs de contrebande. A la fin, justice était faite. A l'entendre, il était trop bon patriote et trop disposé à tous les sacrifices pour ne pas jeter son fils dans ce qu'il appelait *l'abîme des révolutions*. Le fait est que le baron était las de son obscurité. Sa *fidélité* n'en pouvait plus ; il avait assez fait *pour ses princes légitimes* et se retournait habilement du côté du vent qui souffle. Enfin, que vous dirai-je? Il avait supporté son fils entouré des respects de la foule et protégé par l'ardente amitié de sa mère... son fils n'était plus rien pour lui, orphelin de la femme intrépide qui le protégeait de toutes les forces de son âme, et descendu de son piédestal.

Jamais accueil moins sympathique. Un étranger eût rencontré tout au moins quelque politesse. « Ah! vous voilà! dit le baron; vous avez fait du bel ouvrage, et vous devez être bien content de vous-même? Ici, monsieur, tout vous appartient. Vous êtes dans la maison de votre mère, et vous pouvez y rester. Quant à moi, je n'ai pas oublié que jamais vous n'avez daigné prendre au sérieux le titre et le nom de mes ancêtres. Vous étiez *peuple*, et vous vous en vantiez. Cependant, trouvez bon que je m'abstienne à mon tour, et que je renie hautement, moi, le baron des Sablons, Ducoudray le démocrate. »

En vain ce fils éloquent, dont chacun célébrait le génie et l'accent plein de tendresse, eût voulu répondre à cet homme en granit. Il ne trouva pas une parole et pas une larme ; il comprit qu'il était traité selon ses mérites par ce père ambitieux qui n'avait jamais aimé que le succès de son fils.

Quand il se fut livré à toutes ses violences muettes, le baron des Sablons sortit de ce logis rempli de malédictions. Ses principaux domestiques le suivirent ; le chien même de la maison, le vieux Médor, refusa de reconnaître un hôte si mal reçu. Resté seul sur ces ruines et dans ce deuil soudain, le malheureux cherchait vainement une explication à tant de misères inattendues. Hélas ! *malheur aux vaincus !* c'est le mot fatal de notre aïeul Brennus, surtout malheur au vaincu dans l'arène politique. Il devient à l'instant l'ennemi du repos public : les victorieux l'écrasent, ses amis le renient, ses parents le maudissent ; il est insulté par ses propres serviteurs. Plus douce est la prison, plus pitoyable est l'antique exil.

Telles étaient les tristesses de ce jeune abandonné de tous les siens. Du fond de cet abîme il contemplait les hauteurs d'où il était tombé. Cependant il contenait ses larmes ; pour pleurer tout à l'aise, il attendit qu'il fût rentré dans sa chambre d'écolier ; là, seul au monde, il tentait de retrouver, dans son cœur une espérance, et dans le ciel une étoile… Il ne les trouvait pas ! Sur le minuit s'éteignit sa lampe ; il lui sembla que sa mère entrait par la porte entr'ouverte.

Elle était enveloppée en son suaire et couverte de ses coiffes en dentelles. Sa main pâle comme une main de cire était tendue à cet unique enfant qu'elle avait tant aimé. Elle le contempla longtemps en silence ; on voyait sur sa lèvre errer une prière, un baiser, puis elle disparut, doux fantôme ! Alors soudain le jeune endormi se sentit transporté par une force vengeresse en ce lieu superbe et misérable appelé le château des Tuileries. Une si terrible histoire, que toutes les histoires de l'antiquité pâliraient comparées à celle-là. C'était (dans le rêve du château des Sablons) l'heure fugitive où le château des Tuileries, rempli des louanges de l'Europe reconnaissante, appartenait encore à ce vieillard couronné, qui tenait dans ses mains prudentes la paix et la guerre, avec le sceptre et l'épée.

Il avait peuplé cette maison, traversée, souillée et glorifiée par des habitants si divers, par des fortunes si différentes, de tous les enfants et petits-enfants qu'il n'avait jamais assez près de son cœur. Quel prince ou quel homme heureux se pouvait glorifier d'une pareille lignée, et quel monarque se pouvait vanter de sujets plus dévoués et plus fidèles, sortis de sa propre maison? Dans ces lieux, réparés pour un règne éphémère, habitaient les joies sévères, les plaisirs de l'ordre, et les derniers héritiers de ce fameux royaume de France érigé le 5 août de l'an de grâce 843. Le vieux roi n'avait pas d'autres gardes du corps de sa royauté conquise, que ses années de lutte et d'infortune, ses heures d'exil et d'abandon, de sagesse et de prévoyance, sa victoire de Jemmapes, sa bataille de Valmy. Fils de la grande révolution, il pouvait se rendre à lui-même cette justice excellente que s'attribuait Périclès : comme on lui rappelait ses grands travaux de la guerre et de la paix, tant de gloire en son entourage et tant de services rendus à la patrie athénienne : « Amis, disait-il, je n'ai fait que mon devoir, mais je serai content et récompensé au delà de mes mérites, si la postérité m'accorde cette louange que, par moi, nul citoyen n'a porté le deuil ! »

Il sembla, dans son rêve, à l'interné, que

dans un salon splendide, le salon des Maréchaux de France, il voyait entrer le roi Louis-Philippe accompagné de la reine Amélie, une sainte dont Royer-Collard disait si bien : « Elle a surpassé tous mes rêves de la majesté royale. » En même temps que la reine et le roi, venait leur fille adoptive, la princesse royale Hélène-Louise-Élisabeth, duchesse d'Orléans, la veuve austère entourée de tous les respects. A sa suite accouraient, joyeux et charmants, les enfants du prince enlevé trop vite à l'amour du genre humain : le comte de Paris, le duc de Chartres. Le vieux roi sourit à ces deux rejetons de sa race. Il sourit et soupire en se rappelant le prince qu'il a perdu. De son fils aîné, il remonte à la princesse Marie, et ses regrets vont sans cesse et sans fin du grand capitaine au grand sculpteur de la vierge d'Orléans.

L'interné les voyait tous ; il reconnaissait ces doux visages ; il entendait confusément, comme un songe enchanté, ces murmures, ces gaîtés, ces chants d'oiseaux. Il se reconnaissait dans cette forêt de cheveux blonds, de cheveux noirs, dans cette confusion charmante de toutes les races royales. Il savait, comme un courtisan, le nom de ces enfants, qui portaient si légèrement les plus grands noms de notre histoire héroïque : comte d'Eu, duc d'Alençon, duc de Penthièvre, prince de Condé, duc de Guise. Et avec leurs frères, les sœurs cadettes, les sœurs aînées : très-hautes et très-puissantes princesses de trois ou quatre ans, Marguerite d'Orléans, Marie-Amélie d'Orléans, Marie-Charlotte-Clémentine de Saxe-Cobourg. Le catalogue d'Homère en son *Iliade* n'a pas de plus beaux noms que ceux-là : Nemours, Joinville, d'Aumale et Montpensier; la reine des Belges, et cette admirable duchesse de Nemours, blonde comme les blés, belle comme la lumière, destinée à cette mort soudaine en plein exil; et cette princesse du Brésil, appelant, mais en vain, son cousin germain le soleil. Enfin le rêve ajoutait, — interpellant le jeune démocrate renverseur de ce grand trône : « Il ne faudrait pas t'abandonner à ce désespoir immense, avant de reconnaître en toi-même que si le monde est injuste envers toi, le roi d'un jour, tu fus sans justice et sans pitié pour cette famille illustre et glorieuse entre toutes, sans reconnaissance et sans respect pour ce roi pacifique, entouré des plus grands poëtes et des meilleurs écrivains de ce siècle. Il a lassé la Russie, il inquiétait l'Angleterre ; il a tant fait, que le Rhin allemand n'a plus murmuré dans son flot troublé les chansons de Kœrner. — Misérables petits révolutionnaires que vous êtes, vous seriez plus humbles, si vous pouviez envisager tout le mal que vous avez fait. »

En vain il appelait à son aide, à peine éveillé, sa passion pour certaines libertés mal définies, son adoration pour les jours terribles

et glorieux de la grande révolution française;
il invoquait aussi les hommes d'autrefois, ardents et convaincus, dont il suivait la voie et les exemples, enfin l'entraînement populaire et surtout l'innocence et les droites intentions de la révolution dernière : il eut bientôt compris l'impuissance et la vanité de sa plaidoirie avec lui-même.

O malheureux! Le songe a dit vrai, nous restons ensevelis, éperdus, muets, sans excuse et sans voix, dans ce triomphe impuissant!

Enfin, roi, monarchie, émeute, honneur, liberté, république, tout disparut dans le désordre et dans la confusion.

II

Cette affligeante vision produisit sur cet esprit malade l'effet d'une grande leçon morale. Il venait de comprendre, enfin, que lui aussi, dans sa courte vie, il avait commis bien des injustices, et qu'il ne serait que sage d'accepter comme une expiation de ses crimes cet injuste ostracisme. Il avait perdu en un seul jour les droits qu'il tenait de la liberté de la presse et les droits que lui avaient donnés trente mille électeurs dont il était naguère le représentant ; mais à l'aspect du roi, de la reine, des enfants et des petits-enfants, tous proscrits par sa faute, s'il ne doutait pas de l'injustice de sa défaite, il doutait maintenant de la justice de sa victoire.... Il s'endormit pour se réveiller de très-bonne heure.

Son premier soin fut de porter à sa mère au cercueil l'hommage de ses remords et de ses respects, et d'un pas ferme il gravit les hauteurs où se trouvait le cimetière. Il eut bientôt rencontré la tombe à peine fermée. « Ah ! pauvre âme ! ah ! chère créature adorée ! Ayez au moins, disait-il, un regard de compassion maternelle pour l'enfant agenouillé qui vous implore ! Veillez sur moi, ma mère, et prenez en pitié ce grand naufrage où j'ai perdu ma force, ma fortune, ma gloire et mon génie. »

Il priait ainsi, touchant de ses mains et de ses lèvres la terre sacrée où le cœur palpitait encore. En ce moment, le pâle soleil éclairait le fleuve et montait du fleuve aux vignobles, chassant le nuage qui flottait çà et là dans ce ciel attristé.

Quand il eut quitté ce lieu funèbre, un secret instinct le conduisit à la porte hospitalière de son ancien ami, Philippe Ernoux, son plus vieux camarade et le compagnon le plus dévoué de sa naissante fortune. Ils s'étaient connus tout enfants, ils avaient parcouru le même cercle enchanté de folie et d'espérance.

A l'École de droit, Philippe avait suivi son ami d'enfance, et comme il était un esprit sage, il avait épousé la fille du notaire de céans. La dame était revêche et riche ; elle avait un mauvais caractère, une belle maison. Elle disait parfois à ses confidentes *qu'elle avait rêvé, à seize ans, un meilleur mariage,* et qu'au fond de son âme elle s'était appelée un instant la jeune baronne Ducoudray. — « Comment donc ai-je fait, se demandait l'interné, pour ne pas être arrivé tout de suite à cet ami d'un dévouement infatigable? »

Il ne doutait pas un instant qu'il fût le bienvenu dans cette honorable maison dont son image était l'unique ornement. Il entra sans hésiter chez son ami Philippe, en poussant la porte de certaine façon, convenue entre eux depuis son dernier séjour aux Sablons. Que de fois M. le notaire s'était dérobé par cette issue à l'empressement de ses clients tenaces ! « *Postico falle clientem,* » disait Auguste à Philippe, et, toute affaire cessante, ils s'échappaient en riant comme des fous.

A l'instant même, au seuil du cabinet de son ami, il fut arrêté par une voix stridente, acerbe et fausse à l'avenant, une de ces voix d'acier et de verjus qui blessent à la fois l'esprit, l'oreille et le cœur. C'était la voix de M. Jean-Claude Lebec, fils d'Isidore Lebec, l'ancien huissier de la contrée, aujourd'hui retiré des affaires et faisant valoir discrètement une fortune assez mal gagnée. Au demeurant, un pauvre homme, et poussant la prudence au delà de toutes les limites naturelles. Il aimait l'argent, même un peu plus qu'il ne faudrait aimer la gloire. Il était fin et faux, ambitieux et vicieux tout ensemble, à genoux devant un gendarme; humble à ce point, qu'il faisait pitié même à ceux qu'il ne saluait pas.

« Lebec ici! chez Ernoux! » se disait l'interné, oubliant qu'il n'avait plus le droit de mépriser personne. Au fait, coûte que coûte, il pénétrait dans le cabinet de M. le notaire, lorsqu'il entendit prononcer son nom, et qu'il était en cause sans le savoir.

« Vous comprenez bien, mon cher maître, disait Lebec, que cet homme est devenu trèscompromettant, que vous ne sauriez lui parler en public sans gâter votre position, et qu'on ne peut pas dîner, dans la même semaine, à la table de l'interné et chez M. le sous-préfet. Vous ferez donc sagement d'arracher cette amitié de votre cœur ; d'abord ça saigne, et puis bientôt c'est guéri.

— A qui le dites-vous ! monsieur le maire, répondit maître Ernoux. J'ai toujours pensé, non pas sans inquiétude, à la fatale influence de ces bonnets rouges. Ils ont mis la France à deux doigts de sa perte. Ils ont répandu dans le peuple ces doctrines perverses qui nous poussaient à l'abîme. Ils avaient bien, j'en conviens, quelque talent, mais comme ils le faisaient payer cher ! Non, certes, je n'irai pas dîner chez mon ami Ducoudray, il est trop battu de l'oiseau victorieux en ce moment.

« J'étais hier au ci-devant café Decoudray, quand je l'ai vu par les volets entr'ouverts; il marchait comme un homme ivre et cherchant son chemin. Nous en avons ri tout bas, et vidé un bol de punch à *notre* santé. — Allez, mon compère, il est tout à fait perdu, ce géant que nous portions sur nos épaules. L'avons-nous assez proclamé grand politique et grand orateur? Va donc, Mirabeau de village, on t'en donnera des louanges, Barnave de province! On me croyait d'ailleurs beaucoup plus lié que je ne l'étais avec cet emphatique intrigant. Je l'ai aimé, c'est vrai, mais d'une amitié prudente, et quand nous l'avons nommé pour être un de nos législateurs, je vous atteste que j'ai prédit, le premier, la chute de l'orateur des Sablons. »

Voilà comment ces deux braves gens parlaient de leur ancien ami. Elle-même, et d'un petit air dédaigneux, Mme Philippe Ernoux donna un petit coup de son grand pied à celui-là qu'elle appelait naguère *le fiancé de son âme et l'époux de son cœur*.

Il ne voulut pas en entendre davantage, et, sans fermer la porte, il sortit de ce mauvais lieu, se demandant encore par quel accident Jean Lebec était devenu le premier magistrat de sa bourgade? Ainsi fait la guerre civile : elle place au sommet ce qui est au bas, elle abaisse en même temps ce qui était élevé. C'est le destin. « Hélas ! puisqu'à ce point mon meilleur ami insulte à ma misère, je rentre en mon logis comme j'en suis sorti. Je ne veux plus rien entendre et rien voir. » D'ailleurs, la faim le pressait; il avait compté sur le déjeuner de son ami Philippe. Il trouva dans sa triste maison que le pain était moins dur.

Pour la première fois de sa vie, il pensa qu'il était pauvre. Il avait perdu si complétement sa double fortune d'écrivain et d'avocat ! Sa tribune était brisée en même temps que sa plume. Le talent est un don rare et presque divin, l'homme heureux à qui Dieu l'accorde s'imagine qu'il en a pour toute sa vie, ou tout au moins jusqu'aux jours de la froide vieillesse. — Imprudent! un plus habile te fermera tous les sentiers. Une révolution te proclame, une révolution t'anéantit. Courbe la tête, fier Sicambre. — Il fut pourtant forcé de revenir au bout d'un mois chez son ami Philippe Ernoux. Il était le notaire de la maison, et ce fut par-devant M. le notaire que le baron Ducoudray des Sablons voulut rendre à M. son fils le compte exact du bien de sa mère. Auguste Ducoudray reprit, sans mot dire, la dot de sa mère, à savoir : la vigne et la maison, une île au milieu du fleuve et quelques arpents de blé. La pauvre femme laissait à son mari un certain usufruit, mais le mari refusait de rien partager avec cet *étranger* que le châtiment avait poursuivi jusqu'en son logis. On se salua gravement et tout fut dit entre le père et son fils.

« C'est bien à ce coup, se disait le malheureux, que je suis un coupable, un enfant perdu. » Pour ajouter à sa peine, il ne put jamais se défaire de sa servante, et de fait il n'était plus *chez lui*, il était *chez elle*. Elle exhalait, la Mégère, une âcre fumée d'espionnage, un fumet de police. Elle était l'œil ouvert sur les présentes actions du maître. — Or il advint plus tard que ce beau neveu qu'elle avait tant pleuré, ce *fils de sa sœur qu'elle aimait comme elle eût aimé le fruit de ses entrailles,* « ce pauvre enfant que vous m'avez enlevé, » disait-elle en toute occasion, fut relâché par le conseil de guerre, et voilà le héros tapageur qu'elle espérait en *Algérie* (plus le bagne!), qui s'en revint en grand triomphe auprès de sa bonne tante, en lui demandant beaucoup d'argent. La tante était furieuse; elle criait qu'il n'y avait plus de justice. Elle voulait savoir pourquoi donc les gendarmes avaient relâché ce mauvais garnement. Sur quoi Ducoudray se prit à sourire. « Ah! la maudite vieille! » Et, pour lui faire niche, il fit du jeune Catilina l'un de ses travailleurs.

En effet, quand il eut bien traîné sa chaîne et ses ennuis du salon à l'enclos, du vignoble au champ de blé, cherchant sa voie et sa vie à travers ces lieux qui l'avaient vu naître, il comprit que l'ordre et le travail seuls le pouvaient tirer de la pauvreté. Désormais, pour l'interné, plus de fantaisie. Il voyait à cette heure, dans leur vrai jour, toutes les nécessités du ménage. Enfant, il se figurait que le blé roulait naturellement sous la meule; adolescent, il songeait que la fleur et le fruit ne coûtaient que la peine de les cueillir

Ce grand déclamateur de la vie à bon marché était, qui l'eût dit? très-ignorant des plus simples questions de l'économie agricole. Il reculait devant ces légers labeurs, cet administrateur désigné d'une si vaillante république. On lui eût dit naguère : « Vous allez représenter la France au dehors, » il eût répondu : « Volontiers! » Il eût accepté le ministère de l'intérieur; il eût consenti, comme on consent à une disgrâce, à prendre en ses mains gantées l'agriculture ou les travaux publics. A cette heure il faisait un appel énergique à tous les conducteurs de charrue.

A leur exemple, il labourait son champ, il taillait sa vigne, il s'occupait à sa futaie, et retrouvait enfin quelques amis parmi les vignerons et les laboureurs. Tant le travail porte en soi la conciliation universelle ! La charrue est bonne conseillère ; la bêche a des affinités puissantes. On est bien près d'être le cousin l'un de l'autre, en foulant la même cuvée.

Au bout d'une année, il eut conquis, grâce au travail commun, un petit nombre de mains vaillantes, de bons sourires et de cœurs généreux qui l'adoptèrent. Il travaillait sans relâche et sans honte. Il savait que les messieurs le regardaient en levant les épaules. « Ah! le voilà qui porte une blouse! — Oui, monsieur le baron, votre fils est en blouse et s'honore du titre de citoyen. »

Il était la risée et le point de mire de tous les beaux esprits de l'endroit.

Mais, Dieu soit loué! le travail est plus fort que tous les mépris. Le travail apaisa peu à peu l'indignation de cette âme outragée. Il s'était irrité de l'abandon, maintenant il s'en affligeait à peine. Après tout, la nouvelle autorité qui le tenait sous sa main de fer pouvait l'envoyer dans un pénitencier plus redoutable. Il se levait avec le jour, et lui-même il ouvrait sa porte au travail. Il labourait, il semait, il taillait ses arbres. Il montait sur sa barque et s'en allait en son île, où le saule et le peuplier grandissaient sans culture. Il était pêcheur, il prenait du poisson que sa servante aimait beaucoup.

De l'homme ancien, tout disparaissait peu à peu dans ce surveillé de la loi. Son goût même et les plaisirs de son esprit s'étaient modifiés d'une incroyable façon. De ces livres fameux qui avaient été la joie et la fête de son imagination naissante, du poëme héroïque et du conte d'amour, de l'idylle élégante et du roman de chevalerie, il gardait tout au plus un lointain souvenir. Les poëtes, les philosophes, les historiens, les moralistes, triste ressource pour un retranché du monde? il savait la vanité de ses enseignements. Il avait vu *l'Esprit des lois* s'évanouir en fumée, et *le Contrat social* tomber en poussière.

Aux temps froids, quand l'hiver sévissait et que sa pensée errante allait là-bas, tout au loin, dans le tumulte et le bruit de la ville orgueilleuse et subjuguée, il se rappelait ce jour de tempête où, sur la place même qui avait vu s'élever l'échafaud du roi Louis XVI, le président de l'Assemblée constituante, un écrivain du premier ordre et son confrère au *National*, avait lu à ce peuple inattentif la constitution suprême, éternelle... Éternité qu'une heure emporte et divise aux quatre vents du ciel !

Le vent sifflait, la Seine allait, pleine de songe. La parole ardente que lisait cet homme ingénu retombait sur ces âmes froides, comme un bon grain sur l'asphalte des boulevards. O lois malades et mal venues ! Triomphe impuissant de quelques grands esprits, mêlés à tant de rhéteurs !

Il ne lisait donc plus un seul livre. Il souriait à ce seul mot : Charte et Constitution. Il n'ouvrait pas un seul journal, par respect pour la liberté perdue. Honte à ces feuilles estampillées de censure ! — Quant aux pages non estampillées, elles étaient, à ses yeux, semblables aux feuilles qui tombent en automne; en vain elles redoublaient de zèle et de talent, elles ne disaient plus rien à cet esprit dédaigneux. Inhabile autant qu'il avait été téméraire, il n'écoutait que le silence. Il ne lisait rien dans l'intervalle d'un chapitre à un autre chapitre.

A ses yeux, le monde était *comme si le monde était un fantôme,* pour nous servir d'une énergique expression de l'archevêque de Cambrai.

La solitude et le silence envahissants dans lesquels il s'était plongé finirent par lui servir de relâche. Après tant d'émotions, sous le coup formidable de ces tempêtes, il trouva que son désert n'était pas sans vertu. A force d'en détourner ses regards, il ne savait plus rien de la lutte et des passions qui sont la vie et le danger des grandes assemblées. Il était tout semblable à ce héros romain, tranquillement assis sur les ruines qu'il a faites; l'esclave a peur lorsqu'il s'en vient pour chasser Marius des ruines de Carthage. Autour de lui (c'est la loi universelle), après la première épouvante et les premières malédictions, le monde avait repris sa quiétude. Ainsi, quand l'orage a passé, l'océan se calme et le flot tombe. Ces petites villes, vivant de peu d'idées et d'un morceau de pain, mollement couchées aux bords d'un fleuve ami de leur paresse, qui chaque matin les emporte et les rapporte au même lieu chaque soir, sont toutes semblables au désert où tout passe. Ici le sommeil, l'oubli, le rêve!

Exilez Démosthène ou Mirabeau sur ces rivages complaisants, et repassez dans vingt-quatre heures, vous trouverez remplaçant le tribun (métamorphose inévitable!), un pêcheur à la ligne ou le bâtisseur de quelque citadelle faite en sable et posée sur le limon.

III

Mais si l'honnête homme est courageux, si bientôt il s'habitue aux grandes douleurs, il ne se fait pas vite aux petites misères. Tel qui n'est pas tué d'un coup de poignard, se sent blessé mortellement d'un coup d'épingle. Ajoutez la honte au supplice, il n'y a rien de plus féroce.

Il avait été longtemps à se faire à certaines exigences auxquelles sa position le soumettait;

il s'était défendu de son mieux. Ses lettres, qu'on lui envoyait ouvertes ou souillées d'un timbre ignominieux, il les refusait toutes, sans se douter que ces mépris mérités faisaient rougir les complices innocentes de l'administration, les dames de la poste aux lettres. Chaque fois que l'interné leur renvoyait ces cachets brisés, ces secrets violés, les deux femmes se regardaient avec épouvante, et c'était entre la mère et la fille un grand doute s'il fallait anéantir ces pages dédaignées. « Au feu ! ma mère, au feu ! disait la jeune fille. Il a raison, ce jeune homme ! il ne peut pas accepter honorablement ces insultes ! » Et la flamme achevait l'anéantissement.

Mille piqûres s'ajoutaient à ces petits supplices. Pas d'isolement ; pour l'interné, le garde champêtre était partout. Des gens étaient préposés qui surveillaient, à l'entrée, à la sortie, les suspects d'un reste d'amitié pour l'ancien représentant du peuple, et ces gens-là faisaient ce joli métier uniquement pour l'honneur, sans même y trouver le plaisir de mal faire.

D'autres fois, c'étaient des gens mystérieux qui s'en venaient, sur la brune, offrir à l'exilé sa bonne part dans certaine conspiration ténébreuse ; on ne lui demandait que sa présence, à telle heure et tel jour, dans un endroit désigné. L'interné les jetait à la porte et s'en donnait à cœur joie de leur dire un peu plus que leurs vérités. D'abord ça le faisait sourire ; il finit par s'en lasser. Chacun, en passant, regardait les mystères de cette maison de verre et tout au moins le passant faisait son petit rapport à ses voisins. Que vous dirai-je ? il était devenu la curiosité de la ville ; il occupait les esprits ; il était le sujet de toutes les conversations. Chaque soir, c'était parmi ces désœuvrés à qui dirait au voisin : « L'interné a fait ceci, cela ; — il est entré dans telle maison ; il a salué M. un tel ; la grande Jeanne a souri sur son passage et l'a suivi d'un regard presque tendre. » Enfin, chaque matin, M. le maire passait une belle heure à épeler les lettres anonymes jetées la nuit dans sa boîte, assez semblable à la gueule ouverte du lion de Saint-Marc, si l'on peut comparer le terrible au grotesque et le conseil des Dix au conseil des Deux du village des Sablons.

Mais l'épreuve insupportable, et qui lui paraissait toujours plus amère, arrivait tous les trois mois, pour le *repris de justice.* Il était forcé, à cette date, de comparaître au chef-lieu de sa bourgade, à la barre du magistrat chargé de la surveillance. Il faut nous pardonner, dans un pareil discours, ces mots étranges empruntés à l'argot de la police.

La *surveillance* est une peine ajoutée à la peine, un chaînon rivé à un chaînon. — A l'heure désignée, et qui que vous soyez, il faut vous rendre au fond de ce parloir fangeux, parmi l'écume horrible des bagnes et des prisons ; là vous attendez, sans une plainte, qu'une voix vous appelle. Appelé, il faut écrire, à côté de quelque nom plein d'horreur, votre nom à vous-même, le nom que portait votre père et celui que portera votre enfant,... la loi le veut ainsi, c'est l'ordre ; on vous retrouvera plus tard sur ces pages fétides, où le vice, la graisse et le sang ont laissé leur empreinte et leur odeur, au milieu de ces images viles, sorties de la patte et de la griffe ardente des plus ignobles coquins et des plus grands scélérats ; voilà ce qui s'appelle un supplice. C'était donc, ô malheur ! pour arriver à ce résultat misérable que je chargeais mon nom de tant de gloire ! Ah ! ce registre abominable, où les œuvres et les ténèbres de la police sont tenues en partie double, où la brute et le bel esprit se confondent dans le même néant; ce registre hideux dans lequel sont contenus les grandeurs des geôles, le complétement de l'écrou, l'acte baptistaire des maisons de force, et la préface (presque toujours) des condamnations capitales; cette réunion de faussaires, d'assassins, de voleurs, de calomniateurs, cloaque immonde où grouillent incessamment tous les crimes et tous les râles... mieux vaudrait être attaché au carcan, une fois pour toutes.

De la liste infamante, ses souvenirs le reportaient aux beaux livres de soie et d'or, chargés d'emblèmes et d'armoiries; vélin sans tache où brillaient, écrits de la main des poëtes, leurs plus beaux vers; de la main des romanciers, leurs pages les plus charmantes, *albums* précieux qui appartenaient au règne de la beauté, de l'esprit, de l'élégance et de la jeunesse, unissant dans une commune et perpétuelle fantaisie, au dessinateur l'écrivain, à l'homme d'État la coquette ou la tragédienne. — Ingénieux et charmant spécimen de toutes les choses que chacun savait le mieux faire. Un beau soir, dans un salon plein de lumières, où tout chantait, causait, jasait, l'interné avait eu l'honneur d'écrire son nom propre à côté du nom de Lamartine, à côté de la gloire de Mme Guizot, Pauline de Meulan. Ici resplendissait le nom charmant de Mme de Girardin ; le grand Arago n'était pas loin de Berryer, Béranger et le duc de

Fitz-James semblaient s'abriter sous le nom de Chateaubriand. M. le duc de Broglie était le plus ancien, Rachel était le nom le plus nouveau !

Quand la triste formalité était accomplie et qu'il s'était bien fait reconnaître à ces gardiens ténébreux de la loi criminelle, on lui permettait de retourner chez lui par la route indiquée, et sans qu'il eût à regarder personne à sa gauche, à sa droite. En ce moment encore, au pied de l'escalier qui menait à ces geôles, il avait à subir le contact de tous les misérables de son espèce. A tout prendre, ils portaient le même joug ; la peine était la même ; il n'y avait guère plus de surveillance pour celui-là que pour celui-ci. Volontiers ces malheureux l'auraient reconnu pour leur maître et seigneur, mais il les repoussait par le silence. « Aristocrate ! » disaient-ils.

Il portait vraiment trop haut la tête; il n'avait pas l'attitude et le regard convenables à sa situation. Même un jour M. le commissaire ne se gêna pas pour dire à l'interné que sa moustache était indécente, et que des cheveux coupés au ras du front seraient plus convenables à la visite qu'il lui faisait chaque trimestre. Pensez donc si la rougeur envahit ce front intelligent et superbe ! Il s'était battu plus d'une fois pour une moindre injure. Il n'y avait pas un seul habitant dans Paris qui eût osé lui dire ainsi : « Ton visage me déplaît!... » Il refoula sa honte et salua profondément.

La prison de la ville était voisine du greffe où s'exerçait la surveillance. Le jour dont nous parlons, qui fut le plus cruel de tous ces jours misérables, à peine l'interné avait fait vingt pas dans le chemin qui le ramenait à pied (par modestie) au village des Sablons, il fut abordé par deux malheureux, tout pâlis par l'insomnie et l'indigence. Il n'y avait rien de plus triste à voir que cet homme et cette femme en proie à cette douleur énorme. Ils n'étaient pas très-âgés, mais déjà ils avaient tant souffert qu'ils ne savaient plus leur âge. Ducoudray eut quelque peine à les reconnaître ; à la fin, cependant :

« C'est donc vous, mes amis, leur dit-il, vous que j'avais oubliés, tant je redoutais, même de votre part, une injuste répulsion! Voyons, dites-moi en toute hâte comment donc il se fait que vous ayez quitté votre domaine où vous viviez si contents et que je vous retrouve ici, plus semblables à des mendiants sans asile qu'à d'honnêtes vignerons qui faisaient, bon an mal an, leurs cinquante feuillettes de vin? »

Ils n'étaient pas loin d'une boutique de barbier; la boutique était déserte; avec la permission du maître ils entrèrent; pendant que l'interné se faisait tailler les cheveux, et que la bonne femme, le visage enfoui dans son tablier, pleurait, le père, hier encore énergique et robuste, avait peine à balbutier le malheur qui les avait frappés.

« Vous rappelez-vous, lui dit-il, monsieur l'avocat et propriétaire du château des Sablons, notre enfant unique, la petite Louise ?

— Ah ! c'est vrai, s'écria Ducoudray, la petite Louise ! elle était la filleule de ma mère ; elle venait souvent chez nous quand elle était une enfant. Elle est donc morte ? O malheur ! Je comprends votre misère et votre chagrin. »

La femme alors découvrant sa tête au désespoir :

« Juste ciel ! que dites-vous, monsieur ? Plût à Dieu qu'elle fût morte ! Elle est en prison, dans la maison d'arrêt que vous voyez là-bas, et, la malheureuse, elle comparaît demain en justice. Elle est perdue ! On me l'a prise ! On la tuera sur la place publique ! O ma Louise ! mon enfant ! mon cher enfant ! »

Les sanglots brisaient sa voix, les larmes remplissaient ses yeux : elle touchait à la folie. Elle n'avait jamais compris qu'une chrétienne, faite à l'image de Dieu, pût tomber dans ces profondeurs et dans ces ténèbres. Tout à l'heure encore, ils avaient, mais en vain, imploré cette porte impitoyable. Elle était sourde, elle était de fer.

« Demain, disait le père, on nous trouvera morts sur le seuil. »

Ducoudray, à cette horrible révélation, se sentit renaître. Il se retrouva, sous l'action violente de ces larmes paternelles et maternelles, l'homme ancien, disons mieux, le jeune homme. Il comprit, rien qu'à voir ces visages vénérables, que la fille était innocente, à vingt ans qu'elle pouvait avoir.

« Çà, dit-il, soyons forts ! ne me cachez rien ! »

Le père alors raconta confusément une douloureuse histoire. Sa fille avait rencontré on ne savait quel séducteur, qui se tenait caché dans l'ombre ; elle avait mis au jour un enfant qu'elle nourrissait de son lait. L'enfant avait six mois déjà quand il fut enlevé, la nuit, par une main criminelle. Alors la jeune mère, haletante, avait bravé l'orage, et pieds nus, sous la pluie, elle s'était mise à la recherche intelligente du petit berceau. Son malheur voulut qu'elle retrouvât la trace du malfaiteur. Elle le suivit en criant dans les sentiers qu'il avait pris : au meurtre ! Peine inutile : à la fin, elle était tombée expirante au coin d'un certain pont voûté. Là, elle avait été ramassée et ramenée au logis de son père. Une fièvre ardente l'avait tenue entre la vie et la mort pendant six semaines ; mais comme elle quittait sa couche en redemandant son enfant, l'enfant dans son berceau avait été retrouvé sous la voûte obscure qui menait du sentier dans une prairie appartenant à M. le baron Ducoudray. De tous ces indices : la mère ici, l'enfant plus loin, la justice avait tiré l'indication d'un infanticide, et tant de preuves, de dépositions, d'informations, pendant que Louise, accablée, osait à peine écouter et répondre.

« Et voilà, monsieur, dans quel abîme est tombée ma pauvre enfant. Nous avons fait tout ce que nous pouvions faire pour la défendre. Notre petit bien, nous l'avons vendu à ce terrible voisin, Jean Lebec, par le ministère de Mᵉ Ernoux, et ces deux hommes, sans doute pour faire oublier à quel point ils ont abusé de notre misère, sont devenus nos plus cruels ennemis. Ils ont dit aux juges que nous étions des gens sans foi ni loi, des hypocrites, des malfaiteurs. Nous voulions nous adresser à votre père, à sa pitié, mais Louise a déclaré que, si nous faisions cela, elle dirait au jury ;

Je suis coupable! Elle n'a pas même voulu que nous vous implorions pour elle. Elle n'invoquait, dans ce funeste abandon, que le souvenir de votre mère : *O ma chère marraine! ô mon bonheur! Auriez-vous jamais pensé que votre petite Louise en viendrait à disputer sa tête au bourreau?*

« Voilà comme elle parlait, comme elle parle encore, et nous deux, ses père et mère, tourmentés jusqu'au fond du cœur, nous allons et venons, tournant autour de la prison où la malheureuse attend son arrêt. »

Telle était cette plainte ineffable. Mais déjà l'avocat, persuadé que la cause était juste, n'écoutait plus les plaintes du bonhomme. Il appartenait tout entier à la jeune accusée. Il la revoyait si charmante, sous les regards de sa chère marraine, avec son beau rire et ses yeux si tendres.

« Mes amis, leur dit-il, j'ai besoin de toutes mes forces. Le temps presse ; il faut se hâter. Vous avez confiance en moi, c'est pourquoi vous m'obéirez. Quittez la ville à l'instant ; allez m'attendre au bac de Serrières, où je vous rejoindrai demain. Cependant priez Dieu, et si tout est perdu, vous saurez du moins que Louise Fleury, ma sœur, n'aura pas été sans défense et sans protection. Comptez sur Dieu, comptez sur sa justice ; enfin, comptez sur moi. »

Parlant ainsi, il avait dix coudées. Son geste était irrésistible ; il commandait, il fallait obéir.

Les deux vieillards, l'un sur l'autre appuyés, se dirigèrent du côté de Serrières, par le grand chemin, la poussière et le grand soleil.

Resté seul, sous le fer du barbier, Ducoudray trouva qu'il n'était pas rasé d'assez près.— Cette épaisse moustache et cette barbe à la mode antique des vieux rhéteurs, cet ornement viril, sa dernière parure, dont il était si fier, tomba sous le rasoir du barbier, qui se disait : C'est dommage ! Enfin, quand il se vit tout à fait au gré du souverain arbitre de sa destinée, il eut peine à se reconnaître. Il avait, tout à l'heure encore, la tête d'un homme libre, une crinière à la Mirabeau, tant d'énergie et de volonté dans le regard...

Comme il était changé! Un seul instant avait effacé de son front l'intelligence, et de son regard la flamme. Il cacha son mépris sous un sourire obséquieux. Voilà comme il revint chez M. le commissaire, un parvenu de la veille, un des tout-puissants de la dernière heure; très-étonné de commander, il se prélassait dans sa toute-puissance.

Notre homme était à table, entre madame son épouse et M. son fils aîné. Il mangeait de bon appétit; il était content de sa journée et de sa personne. A l'aspect de son suspect qui revenait corrigé et repentant, M. le commissaire daigna sourire, et madame elle-même eut presque l'idée, incroyable en pareil lieu, d'offrir un siége au repris de justice. Un coup d'œil de son mari la rappela à sa dignité.

« Vous voilà bien, dit-il, comme je vous voulais, mon cher ami, dans la modestie et la réserve qui vous conviennent, et pour vous témoigner que je suis satisfait de ne plus voir cette barbe insolente et ces cheveux démagogiques, je suis prêt à vous octroyer la demande que vous venez me faire, à condition qu'elle ne dépasse pas mes modestes pouvoirs. Rassurez-vous, soyez calme et parlez-moi librement. Que voulez-vous ? »

Comme il parlait ainsi, l'épouse de M. le commissaire jetait du côté de l'interné certain regard qui voulait dire : Le *drôle* a encore bonne mine avec sa barbe et ses cheveux rasés ! Ce regard compatissant de son épouse pouvait tout perdre, heureusement M. le commissaire était tout entier à sa bienveillance.

« Il me faudrait, monsieur, reprit humblement l'interné, pour un motif qui n'a rien de politique, la permission de passer vingt-quatre heures dans cette ville et de visiter un ami que je n'ai pas vu depuis longtemps. Si vous avez la bonté de m'accorder le sauf-conduit que je demande, il est bien entendu que je repars demain, pour ne revenir ici que dans trois mois. »

M. le commissaire fut paternel jusqu'à la fin.

« Tenez, dit-il, voici la permission que vous avez méritée, et si par hasard vous n'allez pas tout à fait chez un ami, mais chez une amie (ici la femme du commissaire a rougi), eh bien ! mon garçon, nous aussi nous avons connu les faiblesses humaines, on fermera les yeux sur la dame, à condition toujours que vous partirez demain, sinon vous passerez la nuit suivante en prison. »

L'interné salua jusqu'à terre, et ne remit son chapeau sur sa tête que lorsqu'il fut dans la rue. On ne saura jamais les tristes conséquences, sur les esprits les plus forts, de certains abaissements. Mettez Jules César ou Danton en prison, au bout de huit jours ils salueront le porte-clefs et diront à M. le geôlier : « Comment vous portez-vous ? »

L'homme libre a besoin, pour vivre et pour porter haut la tête, des honneurs et des respects mérités.

Homère a dit cela beaucoup mieux : *Le retentissant Zeus ôte à l'homme la moitié de sa vertu, quand il le soumet à la servitude* [1].

[1]. *Odyssée*, liv. XVII.

IV

Du même pas, l'interné, tout rempli de la grandeur de sa mission, se mit en quête du bâtonnier des avocats, et le premier passant lui désignait un magasin assez vaste, où la femme du bâtonnier, très-alerte encore, ajoutait les profits d'un petit commerce au très-léger bénéfice de son mari. — Cette boutique, ouverte sur la grande place, était la plupart du temps un cabinet de consultation ; il y avait, pour le moins, autant de plaideurs que d'acheteurs. L'avocat était absent, la dame était à son comptoir :

« Mon mari va rentrer, dit-elle à l'interné. C'est l'heure où chacun dîne et se repose après dîner. Nous avons peu d'affaires, nous aimons les longues plaidoiries, suivies de longs jugements. »

Parlant ainsi, elle travaillait, d'une main qui n'était pas des plus légères, à un petit bonnet de crêpe noir.

« Monsieur, reprit-elle avant d'être interrogée, il faut me pardonner si je ne quitte point mon travail. Mon mari le doit porter ce soir même à une fillette du rivage, dont il est l'avocat. Il y va de la vie et de la mort; mais nous n'avons pas voulu que la pauvre enfant se présentât à MM. les jurés dans les haillons qu'elle porte encore. On ne sait pas, dit souvent mon mari, combien de défiance représente une robe en lambeaux, et les soupçons que soulèvent des souliers éculés. Une mise décente est de rigueur au palais de justice, autant pour le moins qu'au bal public. » Et la dame, assez contente de son bon mot, se remit au travail.

L'instant d'après, comme si l'étranger l'eût interrogée :

« Oui, reprit-elle, une tête mignonne. Elle est en deuil de sa marraine. Elle pleure, elle prie, elle se résigne; il n'y a rien de plus touchant. Mais, tenez, monsieur, vous n'attendrez pas longtemps ; voici mon mari. »

En effet, par la fenêtre entr'ouverte, il vit venir, marchant d'un bon pas, M. le bâtonnier, couvert de sa robe noire et de sa toque. Il portait sous son bras, un gros dossier, qui représentait sans doute un tout petit procès. Cet homme avait bonne apparence ; un côté de sa tête était blanc, l'autre était noir encore ; il avait le sourire à la lèvre, et dans ses yeux sombres une suite d'éclairs. Bref, il était de ces gens que l'on aime à première vue ; quiconque l'approchait (nous parlons même de ses parties adverses) se sentait pris d'amitié pour M° André.

Quand il eut salué sa femme d'un regard

amical, soudain ses deux yeux flamboyants se portèrent sur le client qui l'attendait ; pendant toute une minute, il étudia ce nouveau visage, en cherchant à le reconnaître. Il comprit enfin ! De ses deux grands bras, sans mot dire, il pressa sur son cœur le jeune homme, et celui-ci, à cette étreinte muette, répondit par un sanglot. C'était la première fois, depuis si longtemps, qu'un visage humain se rapprochait de son visage, et qu'il sentait battre un cœur si près de son cœur !

Après une longue étreinte, ils se contemplèrent l'un l'autre, insatiables dans leur contemplation. A la fin, ce fut M. le bâtonnier qui le premier rompit le silence :

« Heureux, trois fois heureux, le jour où

je suis visité par un orateur tel que toi, par un maître dont la parole a si souvent retenti du haut de la tribune nationale, aux heures les plus difficiles. Sois le bienvenu chez moi, chez toi, mon confrère, et compte sur mon obéissance à tes moindres volontés. »

Disant ces mots, sa voix était presque tendre. La joie et l'orgueil resplendissaient sur ce front radieux. Il tournait, empressé, autour de son confrère, oubliant de se dévêtir de sa robe et de ramasser son malheureux dossier. Quand il fut un peu calmé, l'interné, sans s'expliquer davantage :

« Il me faudrait, mon cher maître, un long entretien avec vous. L'affaire est grave et presque sans espoir.

— Tout arrive ; il suffit d'attendre et d'espérer, repartit M⁰ André. Mais voici déjà que ma chère femme ajoute un couvert ; s'il vous plaît, vous dînerez avec nous et deux jeunes ouvrières babillardes, dont le babil nous permettra de dîner tranquillement. » Sur quoi l'on se mit à table, et les deux jeunesses de bon appétit firent assaut de bonne humeur. Le repas parut long à l'interné, trop court à l'avocat. C'était son bon moment de chaque jour ; mais enfin le café étant pris, et sa pipe étant bourrée :

« Allons nous asseoir, dit-il, dans mon petit jardin. Nous serons seuls, et nous causerons tant que vous voudrez. »

Dès qu'ils furent au jardin :

« J'arrive un peu tard, reprit Ducoudray ; mais, vous le savez, je suis à peine un homme, et n'ai gardé de l'avocat que ces timidités excessives qui nuisent si souvent aux meilleures causes. Le hasard a voulu que ce matin même, au moment où j'avais purgé ma surveillance, un vieillard et sa femme, oublieux de ma dégradation, m'ont prié de prendre en main la défense de leur fille, accusée d'infanticide.

Ici M⁰ André devint tout sérieux, même il en oublia sa pipe :

« Ah ! dit-il, vous parlez de Louise Fleury, ma cliente. Ils ont fait de ce procès une grande accusation. Le choix même du magistrat qui l'accuse annonce un vrai danger. C'est encore un jeune homme, neveu d'un sénateur, qui cherche à s'habituer pour tout de bon aux difficultés de l'art oratoire. Ainsi, les apprentis chirurgiens, lorsqu'ils ont bien piqué des feuilles de chou, de leur lancette innocente, ne sont pas fâchés de tirer du vrai sang d'une bonne veine, et s'inquiètent fort peu de piquer une artère. »

Après un silence, il raconta, non pas sans hésiter beaucoup, par quelle circonstance il s'était vu chargé de la défense de cette infortunée. Un soir qu'il se promenait sur le promenoir de sa petite ville, attendant l'heure ordinaire de son piquet avec M. le greffier du tribunal, il fut abordé par un inconnu de haute stature, avec la voix même du commandement.

« Voulez-vous, maître André, vous charger

d'une belle cause? Puis, sans attendre mon consentement, il me fit monter dans un vieux cabriolet qu'il conduisait lui-même. Au bout de deux grandes heures, nous nous arrêtions à certain coin que fait la route en ce lieu désert, et l'inconnu :

« Voici, me dit-il, l'endroit où fut trouvé, le lendemain de sa disparition, le cadavre du petit enfant de cette Louise Fleury, qui paraît dans quatre jours devant MM. les jurés. Louise Fleury est une fille honnête et bien née ; elle fut élevée avec des soins tout maternels par sa marraine, qui est aujourd'hui une sainte dans le ciel. » Puis cet homme, élevant la main, comme s'il eût voulu attester les constellations célestes :

« Et je vous jure ici, maître André, que la première faute de cet enfant fut le crime d'un homme amoureux de sa beauté. L'enfant mort est le fruit d'une action criminelle. » A la fin, comme il voyait que je cherchais à me reconnaître en cette étrange révélation, il reprit d'une voix non moins ferme :

« Je vous le jure ! Elle est doublement innocente. Aussitôt qu'elle fut mère, il advint que le père de ce malheureux enfant fut saisi d'une telle passion pour Louise Fleury, que, ne pouvant la décider à le suivre, il déroba l'enfant dans son berceau, pensant qu'il forcerait la mère à toutes ses volontés. Mais la nuit, l'orage et des témoins qu'il crut entrevoir juste au moment où son crime allait être à l'abri, avaient forcé ce ravisseur d'enfant à cacher le berceau sous la voûte que voici. »

« En même temps il désignait la voûte ; il expliquait comment une mère si jeune et si frêle aurait eu peine à porter jusque-là ce fardeau de honte et de désolation.... « Elle avait la fièvre ; elle veillait depuis dix jours sur son fils malade. Enfin, réveillée en sursaut et désespérée de ce rapt misérable, elle avait couru, demi-nue, après le ravisseur, appelant la terre et le ciel à son aide. Hélas ! c'était ici même, à cette place, et sur le bord du chemin, qu'elle avait été ramassée. Une heure après, l'enfant était retrouvé, mort du croup dans son berceau. Voilà, monsieur l'avocat, toute l'histoire. Il y a crime, en effet, mais non pas du côté de Louise ; enfin cet infanticide est un simple rapt. Le père a volé son enfant, c'est vrai, mais pour veiller de plus près sur sa destinée... »

« Maintenant, mon cher confrère, ajouta M⁰ André, vous en savez autant que moi. Je ne doute pas un seul instant que cet homme inconnu ne soit le père et le ravisseur. »

Il ajouta : « Certes ce voleur d'enfant n'est pas loin d'ici ; je pourrais le reconnaître et le retrouver, mais ma foi est engagée, et j'ai promis de ne pas mettre au grand jour ce fatal secret. Qu'en dites-vous ? Que pensez-vous ? Je pourrais obtenir un délai et renvoyer l'affaire à d'autres assises ; mais l'accusée est au bout de ses forces; elle ne peut plus attendre; elle se consume à petit feu. — Écoutez encore un motif de cette hâte : il nous faut conserver le président qui nous est envoyé. C'est un juste ; il n'est pas homme à se glorifier des condamnations capitales. Au contraire, il les déplore, et je sais des gens qui l'ont entendu se plaindre des rigueurs du jury. Gardons ce brave homme, animé de toutes les libertés des lois romaines; gardons ce bon juge, ami de la clémence, et laissons faire à Dieu. » Ceci dit, M⁰ André ralluma sa pipe, et s'entoura d'un nuage, à la façon d'un Jupiter tonnant.

Pas une de ses paroles ne fut perdue, pas un accent de cette voix austère qui ne retentît dans l'âme et dans le cœur de l'interné. Il se fit dire à plusieurs reprises le signalement de cet inconnu, qui courait de si grands risques. Surtout il revenait sans cesse et toujours à l'accusée. Ah! quelle misère et quel abandon! quelle pitié! quelle profonde abnégation de soi-même! Hélas! que les hommes sont cruels, juste ciel! de ne voir ces crimes impossibles qu'à la surface, et d'appliquer une enfant si misérable à ces longues tortures de la nuit, du silence et de l'isolement! Là-haut, pas d'espérance! Ici-bas, nulle consolation!

Mais plus elle était à plaindre, et plus ces deux consulteurs d'une si belle cause, avec le soin des pères et des artistes, recherchaient les côtés faibles de l'accusation, le vrai tour de la défense, et par quelle force ils arriveraient, victorieux, à faire entrer dans ces ténèbres le rayon triomphant.

Jusqu'à minuit ils se consultèrent ; quand tous les points furent arrêtés, Mᵉ André dit à son confrère : « Il est temps de dormir. Tu dormiras dans mon lit, et demain, quel bonheur, n'est-ce pas ? tu reparaîtras dans la bataille un peu mieux que sous les armes d'Achille... sous la robe austère et libre de l'avocat ! »

Le joyeux matin trouva l'interné debout et déjà au travail de la veille. — Il ne fallut pas réveiller cet autre Alexandre ; il avait rêvé toute la nuit à sa bataille. Mᵉ André, de son côté, s'était consolé de ne plus jouer que le second rôle en ce grand drame. — « On ne saurait nier, disait-il à son confrère, que nous autres avocats de province, nous adoptons certaines formes et certains accents, qui nous reviennent sans cesse, à toute occasion. Notre émotion ne change guère; trop souvent notre exorde est le même; c'est pourquoi tel juré, dont nous aurons surpris une première fois l'étonnement et la pitié, va se montrer rebelle à des effets dramatiques qu'il sait par cœur. Donc, j'espère et beaucoup, sans compter votre admirable talent, mon cher maître, que la nouveauté de votre éloquente parole, et cette fête excellente d'un avocat inconnu, semblable au Dieu sortant de la machine, serviront beaucoup à faire accepter l'innocence de l'accusée. » Ainsi ce bonhomme était tout réjoui d'avoir trouvé cette formidable concurrence à sa propre renommée.

Au même instant tout se préparait dans la prison et dans le tribunal. L'ouverture des assises dans une ville de province est toujours un événement. L'intérêt et la curiosité du spectacle, et l'oisiveté de la ville, autant de motifs d'affluence. On dirait la grâce et l'attrait d'un spectacle gratuit, où les meilleurs comédiens se sont chargés volontiers des plus beaux rôles. On tremble, on s'apaise, on a peur, on admire, on hait, on se passionne, et rarement les vrais poëtes, soutenus par les vrais comédiens, arrivent à un résultat plus dramatique. La majesté de la peine équivaut pour le moins à la majesté de ces rois de carton, et de ces reines de théâtre, plus semblables à des spectres blanchis qu'à des créatures vivantes. A la fin du drame, et chaque spectateur rentré chez soi, chacun fait aux siens le feuilleton de la chose représentée... Au bout de huit jours, les dames raconteront encore leur toilette à cette terrible représentation.

Le premier soin de l'avocat Ducoudray, quand il se vit dans cette robe entourée, ô bonheur! de tant de priviléges et de respects, fut de se faire ouvrir l'espèce d'antichambre où se tenait la jeune fille qu'il allait défendre, attendant le lever de ce fatal rideau. Elle était assise, immobile, sur un banc adossé à la muraille; on eût dit une jeunesse éteinte avant l'heure. Hélas! la vie à l'ombre avait pâli ses belles joues; l'oisiveté forcée avait blanchi ces mains vaillantes. Ses beaux cheveux roulés faisaient deux ou trois fois le tour de sa tête, et le petit bonnet de crêpe avait peine à les contenir. Son habit décent, son pied bien chaussé, annonçaient une honnête misère; ces vêtements si modestes convenaient à sa situation.

Au bruit que fit la porte, elle tourna la tête, et s'entendant appeler, son beau regard étonné sembla demander : « Quel protecteur inattendu? L'autre avocat aura déserté ma cause, et celui-ci ne vient que par pitié! »

Dans un coin de ce bouge, un gendarme, assis à l'autre extrémité du banc, lisait, au bas d'un vieux journal, *la suite à demain* d'un roman ténébreux. A travers la porte qui donnait sur le tribunal, on entendait la foule bruyante, chacun cherchant une bonne place. Hélas ! pas un qui s'inquiétât de la malheureuse à cette suprême évocation.

Quand l'accusée eut enfin compris que cet homme en robe était un ami, un défenseur qui déjà savait sa cause, elle poussa un grand soupir d'allégeance, et quelques larmes vinrent mouiller ses paupières épuisées. Ducoudray lui tendit la main ; elle hésita avant de lui donner la sienne. En vain elle voulut parler, la voix lui manqua ; se lever, les jambes se dérobèrent. Lui, cependant, réchauffant cette main pâle entre ses mains bienveillantes, et ses grands yeux fixés sur ce regard baissé, expliquait à l'infortunée, inquiète encore, toute sa plaidoirie : *Elle est innocente !...* Quand il en vint à ces détails cachés dans l'ombre, et qu'elle-même elle ignorait ; quand il raconta l'incident du berceau trouvé sous cette voûte où le berceau même s'était brisé ; quand il dit de quelle maladie était mort ce triste enfant, alors seulement elle se reprit à vivre. Elle retrouva l'intelligence ; elle reconnut, confusément, ce défenseur qui l'appelait par ses deux noms de baptême : Armande et Louise.

Soudain un bruit de sonnette se fit entendre. Au même instant les portes s'ouvrirent, frappées par les baguettes des huissiers, et comme l'accusée était sans force, son gendarme et son avocat la prirent chacun par un bras et la conduisirent à cette place infamante où s'étaient, avant elle, assis tant de criminels fameux. La tête destinée au couteau fatal avait laissé son empreinte sur le bois de chêne où s'appuyait la triste Louise.

Elle était donc l'objet de tous les regards, et ce fut pourquoi pas un ne remarqua le défenseur qui s'était assis à la place accoutumée. Il était le seul peut-être en ce moment qui fît grande attention à la lecture de l'acte d'accusation. C'était pourtant un morceau d'éloquence où la logique avait déployé ses meilleurs arguments.

Après l'acte d'accusation, c'est l'usage, chez nous, que le président des assises interroge l'accusé, et pour peu que le juge ait été frappé de certaines circonstances, il insiste et torture à plaisir la malheureuse ou le malheureux, qui lutte avec des armes inégales contre tant de volontés opposées à la sienne. Heureusement le président, dans l'exercice de ses rudes fonctions, était resté pitoyable. Il parlait à ces déshérités d'une voix presque affable. Il n'y avait dans son regard ni mépris ni colère; parfois même il prenait l'accent d'une sincère pitié, comme on le put voir à la façon dont il écoutait les réponses de l'accusée, à savoir :

— Louise Fleury ! — Vingt-quatre ans ! — Elle habitait naguère un toit de chaume au bord du Rhône. — Elle avait été mère; elle était délaissée. Un ennemi caché lui avait enlevé, la nuit, son enfant dans le berceau ; guidée par l'amour maternel, elle avait retrouvé les traces de l'enfant. En un mot, un discours entrecoupé de sanglots, et toute sorte de confusions : jeunesse, amour, pauvreté, peut-être un crime. On voyait pourtant qu'elle ne mentait pas. Quand elle eut tout dit, elle se laissa tomber sur le banc misérable, et couvrit son visage de ses deux mains. La pitié, peu à peu, s'emparait de l'auditoire, et déjà pas un ne se rappelait les foudres de l'accusation.

On appelle enfin les témoins. C'étaient, pour la plupart, des gens rustiques, méfiants, pervertis par la misère, et plus enclins à voir le mal partout que l'innocence quelque part.

Certainement ils avaient vu, ils avaient su, ils avaient appris, on leur avait dit... peu de chose, mais chacune de leurs paroles avait le poids d'une montagne. Leurs soupçons devenaient dans ce patois presque ingénu toute une accusation.

Rien de plus dangereux que ces esprits incomplets, rien de plus cruel que ces âmes obstinées. Comptez aussi la fête et l'orgueil de jouer ce grand rôle dans cette imposante question de vie ou de mort. Ces témoins grossiers firent cent fois plus de mal que cette éloquente accusation; mais plus les témoins parlaient, plus notre héros sentait grandir son courage et sa conviction. Il se calma quelque peu, lorsqu'à son tour le jeune substitut du procureur impérial se leva, et s'étant livré à la préparation oratoire en homme assuré de son fait, soutint l'accusation avec des grâces infinies. Que de mépris pour cette *fille souillée*, et quels respects pour la société menacée! « Malheur! disait-il, à ces crimes sans nom, qui conduisent un peuple à sa perte. » En même temps, il évoquait le fantôme de la propriété qui portait tout le poids de ces grandes aventures. « Honte à ces doctrines perverses qui menaçaient naguère de bouleverser le genre humain! » Chemin faisant de ce discours en *quousque tandem?* c'étaient des foudres, des éclairs, des objurgations à la justice de Dieu. C'était, surtout, un appel énergique à la justice des hommes.

Ainsi le jeune orateur se grisait du vin nouveau de son éloquence. A l'entendre, on eût dit que lui-même il ne s'était jamais détourné une seule fois des droits sentiers.

Évidemment ce jeune homme était un beau rhéteur, très-recherché des meilleurs partis de sa province, et désigné par son emploi même, en ces heures difficiles, aux plus hautes magistratures. Il était d'ailleurs parfaitement apparenté; son grand-père appartenait à un grand corps politique, son frère administrait un département considérable. — Il parlait encore, et déjà un murmure approbateur remplissait la salle entière. Il y eut plus d'un juré qui s'essuyait le front, en homme qui sait déjà à quoi s'en tenir. Enfin plus d'un vieux pra ticien murmurait à son voisin cette parole de mauvais augure : « Je ne voudrais pas être à la place de cette fille-là. »

Quand le jeune substitut eût achevé sa péroraison, tous les doutes avaient disparu de son esprit; même il songeait à introduire un retour en grâce... Une réclusion perpétuelle, il n'en demandait pas davantage... à vingt ans de travaux forcés, il était content.

Alors, au grand étonnement de l'assistance, qui ne comprenait pas que l'on pût rien opposer à ces accusations sans réplique, on vit se dresser... cet homme !... un inconnu à l'aspect imposant, d'un très-beau geste et d'un regard solennel. Tout l'auditoire en ce moment fut suspendu à ses lèvres éloquentes.

Juste ciel! Tel est le miracle et telle est la force irrésistible de l'éloquence! Elle suffit, sitôt qu'elle se montre, à relever les âmes les plus accablées par le sort, les esprits les plus frappés par la peine. Une lumière brille au front de l'orateur, si l'orateur est un honnête homme. Il va parler, tout l'écoute. Il est tout de suite une puissance, un génie, une volonté. Soyez donc à jamais bénie, éloquence! O muse divine et charitable, la consolation du proscrit, l'innocence de la victime, le courage des combattants dans la mêlée ardente du labeur politique! C'est de toi que nous vient la justice, avec l'espérance et le conseil. O gardienne des cités! vengeresse des tyrans! pitié pour les malheureux! charité pour tous!

Telle était cette force éternellement renaissante que donnait la Terre au géant son fils. Salut, arche d'alliance, étoile du matin, tour d'ébène, porte du ciel !

Rien qu'à la façon dont Mᵉ Ducoudray, l'interné, leva sa toque et se couvrit l'instant d'après; rien qu'au geste impérieux de ses deux mains hardiment dégagées des larges manches de la robe aux longs plis; à ce profond regard qu'il adressait, sans reproche et sans peur, au président, aux juges, aux jurés, à l'assemblée, à l'accusée enfin, qu'il enveloppait d'une profonde sympathie, — un frémissement inattendu circula dans tout l'auditoire... tout de suite on comprit qu'une chose énorme, une émotion inattendue, allait sortir de ce cœur tout rempli de convictions généreuses. Cet inconnu avait la taille des héros d'Homère, et l'admiration dont il était l'objet réagissant sur tout lui-même, il sentit sa cause agrandie... En même temps il défaisait sa plaidoirie arrêtée à l'avance et cherchait par où commencer... Un incident tout nouveau lui vint en aide.

Au moment où il prenait la parole, une certaine agitation se fit au fond de l'auditoire. Un homme de haute taille avait voulu traverser la foule, et la foule avait résisté. A ce bruit, que les huissiers s'efforçaient d'apaiser, Louise Fleury s'était soulevée, et son regard semblait désigner dans le groupe un témoin, un ennemi, moins encore, un fantôme. Elle-même elle indiquait à son défenseur le nouveau venu qui causait ce tumulte.

En ce moment chacun pensait que l'accusée enfin allait parler... Mais la pauvre enfant ayant jeté sur son avocat ce regard plein de flammes, elle reprit son attitude résignée. En vain M. le président : « Louise Fleury, s'écriait ce brave homme, on dirait que vous avez reconnu quelqu'un dans cette foule. Eh bien, dites un mot et nous allons l'interroger. Parlez! la justice écoute. » Elle hésita, mais un coup d'œil plein de larmes, jeté sur Ducoudray, la raffermit dans sa pensée ; elle répondit au président par un signe négatif. Seul, Ducoudray avait compris toute la scène. Il avait vu l'*homme*... l'avait reconnu.

« Pauvre et généreuse enfant, se dit-il, la voilà qui se dévoue et qui nous sauve ; allons, maintenant il y va du nom de mon père et de notre honneur. Ou je meurs à la peine, ou je la sauverai ! » Quand tout ce bruit d'un instant se fut calmé, il avait retrouvé la parole ; la reconnaissance doubla son talent.

Il parla très-simplement, se contentant de quelques mots d'exorde ; il n'avait plus, désormais, qu'à lire au fond de sa propre pensée, l'artiste avait disparu. Il parlait de cette voix calme, austère, imposante et convaincue. Et bientôt cette voix grandissant avec le danger, il rencontra tant de force et de véhémence au milieu de tant d'éclairs, que voilà cette habile accusation qui s'en va pièce à pièce, et voilà la vie, avec l'espérance, qui remonte au front de la fille accusée. Il raconta que cette enfant appartenait, pour ainsi dire, à sa propre famille; il redit cette honnête jeunesse et les naissantes vertus dont il avait été le témoin. Il fit plus, tant il avait à cœur de payer le courage silencieux qui les sauvait de la honte, son père et lui, il invoqua le souvenir de sa propre mère. Elle aimait Louise Fleury, sa filleule, et si la pauvre Louise a rencontré le séducteur acharné à sa perte, il a fallu que l'intérêt de sa vaillante marraine fût autre part. En même temps il revenait, mais avec une prudence infinie et le tact merveilleux de ces esprits touchés de Dieu, sur le rapt de cette nuit funeste et les accidents mystérieux de ces sentiers impraticables. Il montra Louise évanouie au moment où l'infortunée invoquait la terre et le ciel et redemandait son enfant.

Puis, se tournant vers les témoins et les prenant corps à corps, il opposait celui-ci à celui-là, avec une énergie, un talent tout à fait dignes de ce fameux barreau de Paris, où régnaient en maîtres absolus les Chaix d'Est-Ange, les Paillet, les Dupin et les Berryer. — L'effet d'une réplique à ce point vivante est certain sur l'esprit des jurés, ces magistrats venus du peuple. Aussitôt que l'ironie arrive après la colère, et que l'avocat peut sourire après tant d'indignation, ces hommes, ne voyant plus l'orateur, sont charmés de trouver un homme à leur image; enfin ce mélange irrésistible de tant de preuves, en plein jour et dans l'accent même de la vérité, convient irrésistiblement à l'esprit français.

Sitôt qu'il fut entré dans ces ténèbres, la torche à la main, Ducoudray fut le maître absolu de toutes ces âmes épouvantées et charmées de sa clairvoyance. Il les faisait trembler, frissonner et sourire à son gré ; pas un de ces jurés qui ne courbât la tête sous cette main pleine d'éclairs. En même temps les avocats, jeunes et vieux, admiraient de toutes leurs forces : quel est donc ce maître orateur qui semblait tombé du ciel?... — L'accusée écoutait, triomphante, ces paroles vengeresses de son innocence, et bientôt relevait sa tête humiliée. Il n'y eut pas jusqu'au gendarme, inutile gardien, qui, par respect, ne s'éloignât à l'extrémité du banc, comprenant que sa tâche était finie.

Ah! si vous aviez vu l'éblouissement du tribunal! Avec quelle autorité contente le président applaudissait du regard cet avocat qu'il avait protégé! — Le greffier, stupéfait, repliait d'un air maussade son fameux acte d'accusation; le substitut du procureur impérial mordait sa lèvre amincie. On voyait que ces messieurs les jurés étaient impatients de formuler le *non!* sacramentel. Ducoudray termina par un coup de foudre. « O pauvre enfant!... ma sœur! disait-il à Louise, espère. Entre la faiblesse et le crime est un abîme. Enfin, messieurs les jurés, comprenez bien que nous nous en remettons à votre justice et non pas à votre pitié... Nous ne voulons de la pitié de personne. »

Ici, l'on entendit comme un gémissement dans la foule, mais l'attention était occupée ailleurs, et cette nouvelle interruption passa inaperçue, au moment où le bon président résumait tout ce débat en quelques paroles nettes et précises, non pas sans se plaindre en termes voilés de l'ardeur dangereuse des trop jeunes magistrats, plus empressés à trouver des coupables que charmés de proclamer des innocents.

Tout étant dit, messieurs les jurés entrèrent

dans la chambre du conseil et rapportèrent, cinq minutes après, *à l'unanimité,* un verdict d'acquittement. Louise Fleury était libre ! Ouvrez-lui les portes, disait le président. Alors de tous les coins de la salle partirent des applaudissements unanimes, et les jeunes avocats, entourant ce confrère inconnu, l'embrassèrent à l'étouffer. « Votre nom ! lui dirent-ils ; une fois que vous l'aurez dit, nous saurons nous en souvenir. — Messieurs, mes confrères, mes amis, répondit l'avocat victorieux, je vous remercie, et je n'attendais pas moins de cette confraternité qui fait de nous tous une seule et même famille. Hélas ! je n'ai plus de nom ! Je ne suis plus qu'un repris de justice. On m'appelle... *l'interné.* »

Du même pas, s'étant dépouillé de sa robe, il s'en fut attendre au seuil de la prison sa cliente ressuscitée, et, pendant qu'il faisait quelques largesses aux guichetiers, Louise Fleury apparut radieuse et chancelante. Éblouissement du soleil! Enchantement de l'air libre et pur! Elle revoyait la terre et le ciel; elle rentrait dans le vaste espace. Il fallut que son défenseur l'aidât, chancelante, à franchir ce seuil formidable.

« O mon sauveur! lui dit-elle en lui baisant les mains.

— Parlons bas : c'est toi qui nous a tous sauvés! Louise! Un mot de ta bouche, et nous étions déshonorés. Mon père était là, je l'ai vu, j'avais tout deviné, j'ai tout compris. »

C'est ainsi qu'ils sortirent de la prison, celle-ci s'appuyant sur celui-là, et la foule admirait en silence ces deux jeunesses, ces deux malheureux, ces deux proscrits. Ils suivaient, tout pensifs, le chemin qui les devait conduire au village natal, et chacun se découvrait à leur passage.

Ainsi, chez nous, est fait le peuple ingénu des pauvres gens ; son enthousiasme et son admiration appartiennent également à la chose bien dite et bien faite. Il applaudit volontiers aux belles actions, aux belles paroles ; il est également sensible au génie, à la beauté, à la bienveillance, à la douleur noblement exprimée. Il est sympathique aux jeunes amours, au grand courage. Ah ! chère nation des pauvres gens et des simples d'esprit, que le Christ lui-même entourait de tant de faveur, que tu mérites bien d'être honorée entre tous les peuples libres et savants !

Toute l'histoire de la fille innocente avait couru, plus rapide que la flamme électrique, à travers les paysans des faubourgs. Il n'était pas une voix qui ne redît la résignation de Louise et le talent de son défenseur. Or cette foule se composait en grande partie des électeurs d'Auguste Ducoudray. Par sa volonté souveraine, elle en avait fait le représentant de ses volontés brisées, de ses espérances condamnées. Chacun de ces électeurs, tout-puissants naguère, cherchait à comprendre en quels abîmes était tombé cet élu de quarante mille volontés !

L'interné, à chaque pas, comprenait la sympathie et les colères cachées que recélaient ces âmes si facilement changeantes. Un combat terrible et douloureux s'établit dans le fond de sa conscience. Il se demandait s'il ne réclamerait pas en plein jour, à haute voix, la justice qui lui était due, et s'il ne ferait pas une seconde invocation aux volontés du peuple souverain ? Toutefois il se contint lui-même ; il apaisa cette envie, et, pâle comme un mort, il poursuivit son chemin, amenant après lui cette innocente victime arrachée aux justices d'ici-bas.

Une fois seuls et délivrés de ces regards

pleins de fièvre, ils allèrent ainsi, plus d'une heure, la fille acquittée et son défenseur le *suspect*.

Ils allaient, comme on va dans un songe, et peu à peu la pauvre fille, qui n'était plus faite à franchir de si longues distances, ralentit le pas. Les forces lui manquaient ; elle se traînait péniblement. Elle finit par s'asseoir au bord du chemin. A la fin, elle demanda :

« Où donc allons-nous ?

— Nous allons, reprit son guide, au rendez-vous de votre père et de votre mère, ils nous attendent, les bras ouverts. »

Puis, la voyant exténuée, il s'en fut chercher dans une ferme voisine une tasse de lait, un chiffon de pain. La fillette en avait grand besoin. Ce repas lui ayant rendu des forces :

« Allons ! » dit-elle.

Ils se remirent en route. On eût dit le frère et la sœur.

Ils arrivèrent, sur la fin de la journée, à certain détour que fait brusquement le Rhône, et, la première, Louise aperçut, assis sur les degrés d'une croix de bois placée en ce lieu pour attester plus d'un naufrage, son père et sa mère. Ils étaient, ces bonnes gens, reconnaissables à leur misère. Depuis le matin, leurs yeux pleins de larmes étaient fixés sur le chemin par où devait venir le défenseur de leur fille. Ils le reconnurent à son geste et se demandèrent quelle était la jeune demoiselle attachée à son bras? Que ce fût leur fille, cette voyageuse libre et bien vêtue, au bras de l'ancien seigneur des Sablons, ils ne s'en doutaient ni l'un ni l'autre.

« Ah! malheureuse enfant! se disaient-ils, elle est condamnée, elle est perdue! Allons, ma pauvre femme, reprenons le chemin de la prison! »

Il pouvait être en ce moment six heures du soir. Le ciel était couvert de nuages; le fleuve allait, triste et calme, à la mer qui l'attirait. La longue barque, attachée à la rive opposée, attendait quelques passagers en retard, dont les voix criaient dans le lointain. A la fin, ces deux vieillards, ô surprise! ô bonheur! les voilà qui reconnaissent l'enfant perdu.

« Est-ce toi, Louise? disait la mère.

— Te voilà donc toi, ma fille ! » criait le père.

Ils pleuraient, mais cette fois c'était de joie, et tous les trois ils se confondaient dans le même embrassement... Des prières, des sanglots, des larmes, des silences...

« Chers parents ! disait Louise, enfin je vous retrouve, enfin je vous suis rendue... embrassez-moi. »

Alors les sanglots de recommencer. Puis, tous les trois, ils s'agenouillèrent au pied de la croix, la tenant embrassée. Enfin leurs regards s'arrêtèrent sur Ducoudray, dans une extase indicible.

« Ô mon dernier moment d'éloquence et de douce liberté, disait-il, je te bénis ! et te rendrai grâce jusqu'à la fin de mes jours! »

Cependant la barque, en glissant sur la corde tendue de l'une à l'autre rive, avait touché la rive opposée, et maintenant c'était le tour des gens et des bestiaux qui rentraient au village. Ils arrivaient lassés et contents de leur journée ; hommes et bêtes avaient travaillé de compagnie, et s'en retournaient à leur cabane, à leur étable. Il y avait dans ce bateau des laboureurs, des bergers, des troupeaux, des paysannes qui revenaient, la tête chargée de provende ; il y avait des chiens de garde et des chèvres à la mamelle remplie. A peine la barque eut quitté le bord, ce fut comme un concert de ces voix, de ces glapissements, de ces chansons.

Il est charmant ce retour au village quand la tâche est accomplie, et pensez donc s Louise Fleury, retrouvant réunis en si petit espace, où tant de fruits étaient mêlés à tant d'herbages, ces travailleurs joyeux, retrouvait en même temps la paix de l'âme et la joie encore incertaine des beaux soirs d'autrefois !

On franchit ainsi la distance qui sépare les Sablons des prairies et des champs de blé. Les Fleury, trop heureux pour que leur bonheur en fût troublé, n'entendirent pas une seule des mauvaises paroles dont leur présence était le sujet. Ils n'entendirent que le bruit argentin de la sonnerie attachée au cou de la vache ; ils n'entendirent que les jappements, les bêlements, le bruit des arbres et du fleuve, et, dans le lointain, le coq saluant la fin du jour.

Bientôt chacun des passagers se dispersa du côté de son repos, de sa fumée et de ses petits enfants. Resté seul avec ses amis, l'interné eut encore une assez longue hésitation. Son projet avait été, tout d'abord, de distancer ces trois malheureux et de rentrer seul dans sa demeure. Ici se montra une fois de plus le bon naturel de cet homme éprouvé par ces tortures infinies.

« N'es-tu pas honteux, se disait-il, du projet que tu roules dans ton esprit? Prends garde à toi, tu vas commettre une lâcheté ; tu vas déshonorer ton plus bel ouvrage. Honte à toi, si maintenant tu te croyais quitte avec cette courageuse fille que ton père a perdue ! Honte à toi si tu laissais sans asile une si grande misère ! Hélas ! l'as-tu donc oublié ? la maison est vide, le foyer est désert, l'âtre est froid, personne et pas même son chien n'attend sous ce toit abandonné l'ancien représentant du peuple ! Aurais-tu honte, à présent, d'accompagner jusqu'au bout ces malheureuses victimes des passions d'un insensé. Enfin, c'était donc pour si peu que tu dévouais ta vie et ta fortune aux pauvres gens qui t'appelaient leur défenseur ! Pourtant cela te plaisait, ce matin, de montrer ta parole à ce vaste auditoire et d'étaler la vanité de ton discours; cela te plaisait de traverser, haut la tête, une foule enthousiaste : maintenant que nul ne te voit et que pas un ne t'applaudit, tu ne serais pas fâché de perdre en leur chemin ces malheureux qui ne savent plus que devenir. Voilà, en effet, citoyen sans courage, le crime honteux que tu veux commettre... et que tu ne commettras pas. »

Ainsi songeant, il se retourna du côté de ses trois compagnons d'infortune ; il les attendit, de pied ferme et d'une âme rassérénée. Il fit bien. Justement le père, la mère et l'enfant se demandaient où donc ils passeraient la nuit, dans ce village qui les comptait naguère parmi les plus fortunés ? Leurs amis les avaient dénoncés ; leurs parents les avaient reniés ; l'auberge, à leur aspect, fermera ses portes si par malheur ils frappaient à leur propre maison, la maison les renierait. Ducoudray, rendu meilleur par ce petit colloque avec lui-même, devina tout ce drame intime.

« Oh! bien, dit-il à ses amis; rassurez-vous, venez chez moi, si vous n'avez pas de meilleur asile. Il est juste, en effet, que vous soyez mes hôtes, et cette hospitalité vous est due. Un proscrit abritant des malheureux, quoi de plus simple? Allons, encore une fois, ayez bon courage. Nous sommes égaux, toi, Louise, par tes malheurs, tes parents par leur misère, et moi par cet exil dont je traîne la chaîne et le boulet. » Disant ces mots, il reprit le bras de Louise, et tous les quatre ils traversèrent, sans morgue et sans honte, la place où bruissait la fontaine, où se réunissaient les nouvellistes de l'endroit.

Tout à coup, dans l'angle, un homme apparut. Il avait les yeux hagards, un mauvais rire, et tenait dans ses mains un bâton de sarment. A son aspect, Louise, éperdue, se serra contre son défenseur. Ducoudray reconnut son père et, levant son chapeau, il suivit son chemin. « Je suis maudit ! » s'écria le baron, puis il disparut dans la ville haute. Les quatre malheureux gardèrent un silence plein d'épouvante et de pitié.

Vous vous rappelez qu'il fallait passer justement devant la maison de la poste aux lettres pour arriver à l'ex-seigneurie. Il advint que, cette fois encore, sur le pas de sa porte, se tenait la jeune fille que nous avons entrevue au premier chapitre de cette histoire. Elle causait doucement avec son jeune frère.

A l'aspect de l'interné, digne conducteur de toute cette misère, la noble fille se leva de son banc et, par un beau salut digne de l'ancien Versailles, elle répondit au salut de ces malheureux. Elle et son frère les suivirent longtemps d'un regard attristé. L'interné, avant de frapper à la porte de sa maison, put voir encore la belle et sympathique demoiselle, et se faire une idée approchante de sa grâce et de sa beauté.

Mais la porte de l'interné était fermée au verrou. L'hospitalité avait abandonné depuis longtemps ce triste asile, entouré jadis de toutes les grâces hospitalières. La mère en partant semblait avoir emporté toutes les vertus du toit domestique. Il fallut frapper longtemps à cette porte revêche. A la fin, la servante impérieuse, sordide tyran de ce logis abandonné, s'en vint ouvrir en grondant.

« C'est vous! dit-elle à son ancien maître. Est-ce qu'on rentre à ces heures indues, après le coucher du soleil, quand on n'est qu'un prisonnier sous la surveillance des gendarmes? »

En voyant introduire en *sa maison* ces deux vieillards et cette fille qui semblait exténuée, elle voulut, mais en vain, refermer la porte...

« Entrez mes amis, disait Ducoudray à ses hôtes. Vous êtes chez moi, vous êtes chez vous. »

Quand elle eut reconnu ces trois malheureux, la mégère poussa un cri désespéré.

« Y pensez-vous? disait-elle. Vous faites de cette maison un repaire ! Demain j'en veux porter plainte aux autorités. »

Elle était furieuse. Elle avait pourtant tenu sur ses genoux la petite Louise; elle avait mangé souvent à la table des Fleury; elle savait toutes les tendresses de son ancienne maîtresse pour sa filleule... Elle fut implacable.

« Et maintenant, disait Ducoudray à ses hôtes, que nous sommes dans la place, il faudra bien nous suffire à nous-mêmes. On ne saurait compter, vous le voyez, sur le secours de notre ancienne amie. Elle n'aime pas les malheureux. Vous, le vieux père, allumez les fagots; vous, la mère, préparez la table; pendant que j'irai chercher de quoi souper, Louise restera près du feu.

La pauvre enfant se laissa faire et tendit ses mains amaigries au fagot vite allumé. Après la première exaltation et la première heure de liberté, la pauvre enfant était revenue à ses tristesses. Elle se rappelait maintenant tout ce qu'elle avait souffert.

On se tira, comme on put, de ce double problème : le souper à faire, un lit à trouver; mais enfin, tant bien que mal, les logis furent prêts, et l'interné, rentré dans sa solitude, se sentit soulagé d'un grand poids. Pour lui la journée avait été longue; heureusement la nuit fut rapide... Le lendemain, à son réveil, il ne se doutait guère que tous les caquets du village avaient commencé avec le jour.

Les villageoises du marché se racontaient les fredaines de l'interné ; comment il avait ramené de la ville une fille suspecte et une *douzaine* de mendiants, qui seraient bientôt la terreur du pays ; comment il avait rencontré son père, qui l'avait *maudit* à haute voix, et comme enfin Mme Brigitte avait été assommée à coups de bâton par ces *bandits*.

« Quel malheur, disaient les fortes têtes de l'endroit, que le château soit devenu une caverne à l'usage des ennemis de la propriété !
— *La propriété, c'est le vol ! Ici l'on se tutoie et l'on s'honore du titre de citoyen.* —

Aux armes, citoyens, d'un sang impur abreuvons les sillons! » C'est ainsi que chacun jetait sa pierre et disait son bon mot, tant le vainqueur est lâche et cruel aux vaincus!

Il est vrai que, d'autre part, les plus avisés ne doutaient point de l'immense succès de l'ancien représentant du peuple. On eût dit qu'ils avaient entendu ce maître orateur remplissant de sa colère et de ses vengeances tout le prétoire. — Ils comprenaient la grandeur de cette victoire sans réplique, et déjà prévoyaient l'heure où ce jeune homme, affranchi de ses liens, retrouverait les sympathies et les respects de son peuple. — O force des choses justes! Par un certain côté elles triomphent toujours. Le droit touche à toutes les puissances de l'intelligence ; il est la clarté même, et si quelque nuage le vient obscurcir, rassurez-vous, opprimés : il brillera, l'instant d'après, d'un éclat tout nouveau.

En vain toutes les lâchetés et toutes les peurs se heurtent contre l'illustre avocat, Auguste Ducoudray ; je ne sais quelle odeur d'humanité, de vaillance et de courage annonce au loin la présence d'un si brave homme. Il est bien cruellement éprouvé ; il est violenté dans toutes les cordes sensibles de sa liberté, de sa considération, de sa gloire et de sa fortune. Eh bien ! triomphe inespéré, un seul mot, un seul regard, va donner un démenti à toutes ces violences.

D'abord il a fait peur, plus tard on l'a pris en

pitié; maintenant qu'il se montre au grand jour, voici que les plus malveillants le saluent, tant ils sont persuadés qu'un pareil homme en proie à de telles injustices ne saurait succomber.

Vraiment, grâce à Dieu, la vérité se faisait parmi ces ténèbres. Sitôt que l'on apprit l'acquittement de Louise Fleury, la bonté de l'interné pour la filleule de sa mère, et le travail de ces deux vieillards dans l'enclos des Sablons, les rumeurs devinrent bienveillantes.

On sut aussi que le baron lui-même se confondait en louanges sur la conduite de son fils, et qu'il professait une sympathique affection pour les Fleury.

Histoire du Capitole et de la roche Tarpéienne des Sablons !

V

Cependant l'interné, plus que jamais, se cachait dans son domaine. Il redoublait de prudence, à mesure que l'opinion publique lui revenait. Son pressentiment lui disait qu'il ne redeviendrait pas impunément un homme honoré, populaire et salué des trembleurs.

Un matin, comme il travaillait à sa vigne avec le père Fleury, il vit entrer par la porte du jardin le bel adolescent qu'il avait entrevu plusieurs fois dans le bureau de la poste aux lettres. — L'enfant marchait d'un pas discret, pour échapper au regard des curieux.

« Monsieur, dit-il à demi-voix, il faut me pardonner si je suis indiscret. Nous savons qu'il vous déplaît d'être ainsi dérangé, et que votre orgueil n'admet pas que l'on vous apporte une lettre au cachet de la police. Entre ma mère et ma sœur, souvent la question s'est agitée de savoir si vous faisiez bien? « Il a
« tort, disait ma mère, il trouverait sans doute
« en ces lettres au rebut une consolation qui
« lui manque. — Il a raison, disait ma sœur,
« de ne pas accepter un outrage, et tant pis
« pour les maladroits qui ne savent pas com-
« ment correspondre avec un homme d'hon-
« neur. » Voilà, monsieur, tout ce qui se dit

chez nous, chaque fois qu'une lettre arrive à votre adresse, et moi je suis de l'avis de ma sœur.

— Mon jeune ami, reprit l'interné en souriant, je suis content d'avoir pour moi votre avis et surtout l'autorité de mademoiselle votre sœur. Elle est dans l'âge où la moindre injustice est une injure aux yeux les plus indifférents. Si la police a jugé que ces papiers souillés par elle étaient encore présentables, moi je me suis bien promis de ne jamais ouvrir une enveloppe qu'elle aura touchée. Cependant je serais fâché de refuser un messager tel que vous. »

Alors l'enfant se rapprochant et d'une voix plus basse :

« Je vous apporte une lettre envoyée à ma sœur, sous enveloppe à son nom, avec ces deux lignes : Recommandée au courage et à la pitié de mademoiselle Hélène. Nous avons pensé tous les trois que vous l'accepteriez. La voilà. Maintenant je vous laisse ; vous ne serez pas fâché d'être seul. »

La lettre était sans timbre, au nom de M. Ducoudray, *ancien représentant du peuple.* On reconnaissait facilement la main d'une femme à cette écriture déliée.

« Au moins, reprit l'interné, permettez que je vous fasse les honneurs de mon jardin. Les fleurs n'y poussent guère, au prochain automne il brillera de mille couleurs. »

Cependant il coupa sur sa treille un beau

cep auquel étaient restés suspendus dans leurs toiles trois beaux raisins adoucis par les derniers jours d'automne et cachés à demi sous la feuille empourprée où brillaient les pâles rayons du soleil.

« Au revoir, dit l'enfant !

— Quand vous voudrez ! » reprit l'interné.

En même temps il le priait de présenter à sa mère, à sa sœur, ses remercîments et ses respects.

Sans trop de hâte, et ne se doutant guère de l'émotion qui l'allait surprendre, il fut s'asseoir sous le bosquet de la terrasse, et lentement il ouvrit cette seconde et mystérieuse enveloppe. O surprise ! Il reconnut sur la lettre fermée aux armes de sa maison l'écriture de sa mère : *A mon cher fils!*

A mon fils! C'était bien là ce caractère énergique et tendre! Si la main tremblait, le cœur était ferme. Il relut trois fois : *A mon cher fils!* et lorsqu'il eut compris que ces dernières paroles d'une mourante avaient été laissées à son domicile, lui-même étant au secret dans la prison de Mazas, et quand il put lire au *folio* de la lettre : — « Une amie inconnue d'Auguste Ducoudray envoie à Mme la directrice des Sablons cette lettre adressée au proscrit, avec prière de la lui remettre en mains propres, » — l'interné rendit grâces à sa mère, à l'amie inconnue, à Mlle Hélène. Et toujours il relisait : *A mon fils!*

La lettre ouverte enfin, il eut grand'peine à

la lire. Un nuage était sur ses yeux ; son cœur battait à se briser. Hélas ! la lettre était courte ; on voyait que la mort était proche et que la mère se hâtait :

« Mon cher fils, je vais mourir. Je suis lasse, et j'aspire au repos éternel. Toi seul tu manques au calme de ma dernière heure, ô cher enfant ! doux vaincu que j'entends maudire autour de moi ! Toute la maison, mon Auguste, est en révolte. Ils te chasseront, j'en ai peur ! Ils ne te diront pas que tu fus ma dernière pensée ; ils ne te diront pas ma tendresse et mon admiration maternelles. Mais moi, je te dis tout cela du fond de mon âme, et je sais que tu n'as jamais douté de ta mère. Adieu donc, mon cher fils ! on peut te maudire aujourd'hui, mais l'avenir t'appartient, j'en suis sûre. La mère d'Augustin, ton saint patron, avait moins de confiance ; je comprends maintenant la beauté de ta vie et la sincérité de tes doctrines.

« Mon fils, tu pardonneras à ton père. Il est né gentilhomme, il a les défauts de sa race. Il a jeté dans notre maison le désordre et la ruine. En ce moment Louise, ma filleule, est exposée à toutes les passions de son maître et seigneur. Je n'ai plus de force et ne saurais la défendre. Enfin tu payeras, de ton mieux, à cette enfant, ma dette et celle de ton père. Tu as oublié, sans doute, que tu me forças d'accepter les honoraires de ta grande cause : *Adhémar et compagnie*. Ils te récompensèrent pour leur honneur et leur fortune sauvés par toi. Tu me disais : « Il est juste, ma « mère, que tu sois aussi récompensée ! »

« Pour t'obéir, j'ai pris ces vingt mille livres. Tu les retrouveras, mon cher fils, dans le grand meuble où si souvent je cachais tes jouets pour te forcer au travail. C'est dans le même tiroir, obéissant au même secret. Voilà tout l'argent que je possède. Il me vient de toi, c'est ton bien propre. En me mariant, j'étais beaucoup plus riche... Il m'a fallu racheter souvent le nom que tu couvrais de gloire. Encore une fois, adieu, mon cher enfant ! je t'aime et te bénis du plus profond de mon cœur ! »

Pendant deux jours, pas un des habitants

de cette maison ne revit l'interné. Il se cacha dans la chambre où sa mère était morte et ne songea qu'à la pleurer.

Son premier soin, se voyant en possession de cet argent retrouvé par miracle, fut de réintégrer ces trois malheureux par le crime de son père, dans le domaine qu'ils avaient perdu. Il racheta, chez ce même notaire où ces biens s'étaient vendus à vil prix, la vigne et la maison des Fleury. Pensez donc si le bonhomme et la bonne femme, en retrouvant ce petit coin de terre, eurent un mouvement de joie et se sentirent renaître à la douce lumière ! Louise était belle, et la jeunesse aidant, le sourire et le bonheur eurent bientôt reparu sur son visage. En même temps leurs anciens amis revinrent, attirés par l'aisance. On criait au miracle !... Un miracle, en effet.

Certains mystères agrandissent une famille entière, et pendant que chacun l'explique à sa façon, l'explication se fait toute seule. D'autant mieux que ces braves gens se montrèrent dignes de cette fortune retrouvée... Ils restèrent cachés, silencieux et modestes, travaillant tous les jours et tout le jour, sans que rien les pût distraire et que l'on vît l'interné se promener autour du modeste enclos qu'il avait racheté.

Cette fois la délation fit silence, et les mauvaises langues furent forcées de se taire. Où donc ce jeune homme avait-il trouvé tant d'argent? Cela pouvait faire une question considérable; mais il en avait fait un si bon emploi, que l'on cessa bientôt de s'en occuper. Un peu plus que la moitié de son argent avait passé dans cet achat. Il mit le reste en réserve.

C'est la loi de ces grandes commotions. Vous étiez au ciel, vous retombez sur la terre. Une voix vous parlait d'en haut, vous n'entendez plus que les rumeurs d'ici-bas.

Plus que jamais la solitude était pesante. Le monde était pour le *suspect* un fantôme. — Il ne savait plus que faire et devenir? Une aspiration nouvelle, inconnue, avait remplacé ses rêves les plus impossibles; sans le vouloir, sans le savoir, peut-être, il s'arrêtait parfois sur le seuil de la maison bienveillante où la jeune fille et son frère avaient toujours, pour sa misère, une bonne parole, un regard tendre et cette pitié sincère qui se cache dans le silence et dans le salut des honnêtes gens.

Ces trois étrangers, se disait-il, sont presque exilés comme toi. Ils dépendent autant que toi de la bonne ou de la mauvaise volonté de plus forts que nous. Suspect! prends garde à ne pas en faire autant de suspects.

VI

Ce fut en vain qu'il voulut s'en défendre : il finit par obéir aux obsessions de cet honnête amour. Il est vrai que Mlle Hélène de Marville savait depuis longtemps le secret qu'il croyait si bien caché dans le fond de son âme. Ils vécurent désormais, elle et lui, de la même vie et de la même inquiétude. Hélène apaisait de son mieux cet esprit malade ; elle calmait cette intime irritation. Il arrivait chez elle indigné, il rentrait dans son logis rempli d'indulgence et de pardon.

Il y avait certaines heures, certaines douleurs pour lesquelles la grâce et la beauté de la jeune fille étaient sans force. Alors elle se taisait, elle attendait.

En ce moment la nouvelle arriva dans le village des Sablons de la mort du député qui avait remplacé Ducoudray. Il était mort obscurément comme il avait vécu. C'était un de ces esprits complaisants, toujours prêts à remplacer par le serment du lendemain le serment de la veille. Incapable de mal, incapable de bien, sans vice et sans vertu, il se tenait assis dans la *plaine*, à distance égale de toutes les passions pour ou contre. Il appartenait au côté muet de l'Assemblée, et quand par hasard il avait interrompu quelque orateur écouté, notre homme en ressentait une joie ineffable. A peine au néant, il fut vite oublié. Pas un ne savait plus ce nom-là, le lendemain : *Colas vivait, Colas est mort.*

Cependant tout notre canton des Sablons était dans une agitation très-grande. Au dernier moment de cette élection inattendue, on vit surgir quelqu'une de ces ambitions démesurées, grotesques et terribles tout ensemble.

Il y avait des proclamations enthousiastes dans les airs, des protestations de dévouement sur toutes les murailles. Grand Dieu! que de trahisons, de mensonges et d'infamies ont signalé, sur les murailles des grandes et des petites cités, ces moments de fièvre électorale ! Rien qu'à regratter les murs de Paris en révolution, il sort encore aujourd'hui de ce *regrat* misérable, une poussière à déshonorer tout un peuple, comme si les mains avilies qui signaient ces mensonges eussent laissé dans tous les carrefours leur empreinte vénale... Ainsi, d'heure en heure, accouraient, de la plaine et du vallon, les électeurs de ces campagnes, portant à leur chapeau leur carte électorale. Et tantôt vous aviez sous les yeux des espèces de magistrats qui s'avançaient d'un pas solennel, tantôt des jeunes gens étonnés de leur toute-puissance. C'étaient des ironies à n'en pas finir, c'étaient des menaces, et des cris de joie... On ne savait plus à laquelle entendre de ces volontés si diverses, qui se précipitaient au même but.

Seul, dans cette foule obéissante à des passions qu'elle n'avait pas, l'interné restait désarmé de son droit de citoyen. Il se voyait chassé honteusement de l'universelle élection, lui qui l'avait tant demandée et si haut proclamée. En ce moment plein de tristesse et d'une certaine honte, il se rappelait les heures brillantes où son nom resplendissait dans toutes les mains, dans toutes les voix libérales. Il revoyait d'un regard attristé l'urne où s'agitaient ces grandeurs passagères. C'était là même, et lorsqu'à la fin du jour les noms des combattants de la journée étaient proclamés, de quels applaudissements était suivi le nom de Ducoudray! Chaque instant apportait sa fièvre au candidat torturé par l'attente, et lorsqu'enfin la majorité était connue, accourait la foule en délire. O joie! O triomphe! Auguste Ducoudray, gloire à toi!

Alors, le voilà qui, du haut de sa fenêtre, entre son père et sa mère, au milieu de ses amis touchés jusqu'aux larmes, parlait dans son plus beau langage à cette foule heureuse et charmée. En même temps son nom glorieux allait, de bouche en bouche et de ville en ville, s'ajouter aux noms populaires de la France enivrée, et les politiques inscrivaient ce nom nouveau sur la liste où déjà s'étaient inscrits avant lui le général Foy, La Fayette, Arago, Kératry et le duc de Fitz-James. Jour de contentement, d'enthousiasme et de bénédiction solennelle!... Aujourd'hui, quel changement! Il était seul, sans droit, sans force et sans nom. Il n'était plus compté par personne; il n'avait plus de nom propre. — Il entendait retentir des noms inconnus, des noms hostiles. Donc il eut grand'peine à retenir le bondissement de son cœur, et, ne sachant plus que faire et devenir, il chercha contre lui-même un refuge, et s'en vint demander asile à ces trois faibles créatures qui lui témoignaient tant de sympathie. A la fin, il était vaincu; la solitude lui faisait peur.

C'était la première fois qu'il franchissait le seuil de cette hospitalière maison, et, les voyant de plus près, il fut frappé de la grande beauté de la jeune fille et de la figure vénérable de la mère. A les voir, à les entendre, on ne pouvait pas douter que ces deux femmes n'appartinssent au meilleur monde, et c'était vraiment chose étrange de les trouver dans cet humble emploi. L'interné fut reçu comme un ancien ami; nulle gêne, au contraire une grâce affable et naturelle. Il raconta comment cette journée était pour lui un supplice, et sa plainte fut écoutée. — « Il y a longtemps déjà, mesdames, que vous avez eu pitié de moi et que vous cherchez à comprendre l'étrange exil qui m'est imposé : un exil dans ma maison, dans mon jardin ; en est-il un plus doux et plus digne d'envie ? Eh bien, croyez-moi, c'est épouvantable ; en me voyant en dehors de toute l'association civile, il me semble que la société est dissoute, que rien n'existe, et que le monde est à son dernier jour.

Hélas! Je ne sais plus si c'est veille ou songe. Hier, aujourd'hui, demain, qu'importe? Je confonds incessamment l'heure avec la journée, la journée avec la semaine; le mois d'aujourd'hui, c'est le mois d'hier. A peine si j'ai la conscience d'avoir été jadis un citoyen libre, d'avoir partagé l'espérance et l'action de ce peuple étranger qui fut mon peuple. — Ces grands bonheurs se perdent dans la nuit des temps. C'est vrai, mon jardin est ma prison, mais pas un prisonnier sous les voûtes de pierre qui ne soit plus libre et plus heureux que moi. Quel geôlier, ma servante, et quel espion, le passant qui regarde à travers mon mur ! Il y a des moments où je doute si je saurais maintenant relever une insulte et sauvegarder la femme hardie à qui j'aurais l'honneur d'offrir mon bras... »

Comme il parlait encore, un grand bruit se fit entendre autour de la maison. C'étaient les électeurs qui revenaient de déposer leur vote obéissant. Fort peu, dans l'ombre, avaient songé au citoyen Ducoudray. Mais voyez si la foule est changeante, si l'on peut compter sur ses amours ou sur sa haine ! A peine elle eut vu par la fenêtre entr'ouverte son ancien représentant qui prenait congé de ces dames, soudain la bête aux mille têtes : « Honneur, disait-elle, au citoyen Ducoudray! Vive à jamais notre orateur, notre concitoyen! Tu peux compter sur nous, disait la foule, aussitôt que tu seras libre! » Il se tira difficilement de cette ovation qui devait entraîner dans sa ruine ces deux femmes et ce bel enfant.

Malheureusement il ne sut plus résister à l'attrait de cultiver cette amitié funeste. Une fois qu'il eut appris le chemin de cette hospitalière maison, rien ne l'en put distraire. Même il eût voulu, mais en vain, rendre ses visites moins fréquentes ; si par hasard il n'allait pas chez les amis de son adoption, l'enfant arrivait jeune et tout joyeux, qui lui tenait bonne et fidèle compagnie. Eh! le moyen de ne point le suivre au départ? D'abord cette amitié fut pleine de réserve, et plus tard ces dames étant devenues les confidentes de cette âme en peine, eurent à leur tour bien des douleurs à raconter.

Leur présence en ce lieu retiré était une espèce d'exil. Elles se souvenaient d'une meilleure patrie; elles avaient vu de plus beaux jours. Lorsqu'ainsi de part et d'autre on se fut expliqué, la commune sympathie en redoubla. La mère était une comtesse de Marville et royaliste d'ancienne date. Son mari, frappé par la révolution de Juillet, s'était démis de l'emploi qui le faisait vivre.

Un serment coûte à ces cœurs superbes; ce serment nouveau est une diminution du galant homme, et quand mourut le comte de

Marville, il ne regretta pas cette exagération de l'honneur. Il savait pourtant quelle pauvreté attendait sa femme et sa fille, et l'unique héritier de ce brave nom qu'il laisserait sans une tache. « Espérons! disait M. de Marville à son lit de mort. Nous reverrons le roi légitime, et la Providence aura pitié de nous autres, les royalistes et les chrétiens. »

Quand il fut mort, Mme de Marville obtint à grand'peine un modeste emploi dans l'administration des Postes; mais plus s'éloignait le souvenir du roi légitime, et plus ces proscrits de la fidélité étaient relégués loin des grandes cités, où l'exemple est si dangereux de cette obstination au culte du passé.

Cette vie austère est un reproche aux lâchetés d'alentour. Les prêteurs de serment ne s'accommodent guère de ces esprits tout d'une pièce et ne demandant rien à personne. Or, Mme de Marville eut bientôt compris que sa modestie était importune et que son silence était un reproche. A chaque disgrâce, elle se sentait plus résignée et plus forte ; chaque injustice la retrouvait plus vaillante. Auguste Ducoudray, sitôt qu'il fut entré dans ce vaillant mystère, en rapporta pour lui-même un grand courage. En ses instants de découragement mortel, il se faisait honte et se comparait à ces deux femmes, à cet enfant. — Dieu merci, la consolation fut la plus forte. Il cessa peu à peu de désespérer. Désormais il n'était plus seul ; il était attendu, mieux encore, espéré. Il y avait donc sous ce ciel plus clément, un beau visage pour lui sourire, une douce voix pour répondre à sa parole, un regard tendre et charmant qui répondait à son regard.

Il avait obtenu facilement de la mère et de la sœur la permission d'enseigner au jeune Arthur de Marville la langue d'Homère et la langue de Virgile. Avec quel ravissement il retrouva dans sa mémoire, ingrate hier encore, l'écho parfait de ces grandes poésies, et comme il se félicitait de cet aimable écolier, plein d'enthousiasme et de passion ! Heureux les esprits faciles à la poésie ! Heureuses les âmes intelligentes du chef-d'œuvre, et quel plus charmant spectacle, un bel enfant de ce siècle agité par la pensée, prêtant une oreille attentive aux majestés du siècle de Louis XIV, aux grandeurs du siècle d'Auguste, aux grâces éternelles du temps de Périclès! Maintenant qu'il avait cet enfant à instruire et cette belle personne à aimer, l'interné se sentait vivre. Il trouvait léger le joug posé sur sa tête; il était heureux d'habiter ce village… cette prison dont il ne voulait plus sortir.

La douce habitude et la paix des chères causeries, la bienveillance mutuelle et le commun isolement de ces esprits choisis dans ce finistère, ajoutaient chaque jour toutes sortes d'amitiés et de tendresses à ces tendresses naissantes. Ce jeune homme, emporté par son talent même dans tous les hasards de la politique, n'avait jamais eu le temps de savoir s'il avait un cœur. La politique est une rude maîtresse; elle est sans pitié pour ses esclaves, elle en fait autant d'ambitieux insatiables des louanges du peuple. Elle leur prend toutes les heures de leur vie et de tous les jours. Pour ces rudes jouteurs entourés de l'estime publique, adieu le printemps; plus de chansons, plus de rêveries. Rien que des faits, des événements, des colères, des cruautés; matin et soir, le hurlement du journal. Tel ministère à changer, telle alliance à conclure, avaient plus occupé l'avocat du côté gauche, que Saint-Preux ses amours.

Plus d'une fois, Ducoudray s'était écrié

dans la salle des Pas-Perdus, disons mieux, la salle des Amours-Perdus : « *Je n'ai jamais été jeune !* » Il maudissait maintenant cette étrange hérésie. Il regrettait les printemps inutiles ; il se rappelait que de fois dans une fête, oublieux d'inviter quelque belle danseuse, il s'était enfui dans son cabinet pour consulter, juste ciel ! les colonnes banales du *Moniteur !* Ces regrets du passé, ces félicités présentes, avaient rattaché ce jeune homme à la grâce, à la beauté de Mlle Hélène de Marville. Il attendit longtemps pour lui dire enfin : *Je vous aime !* Depuis longtemps elle avait deviné qu'elle était aimée. Elle n'avait jamais rêvé ce grand bonheur qui la surprit dans sa pauvreté. C'était une fille un peu sauvage, au cœur superbe et parfaitement dédaigneux des vulgarités d'ici-bas. Une reine au milieu de ces déserts, une étoile dans cette nuit profonde, une espérance !

Alors, pour la première fois on la vit sourire ; on l'entendit parler gaiement de mille choses qu'elle avait dédaignées. Elle trouva, sans les chercher, toutes les grâces de la vie et tous les bonheurs de la jeunesse ; à son tour, elle s'était emparée en souveraine de toute sa destinée ; elle se sentait hors de son exil. Ses occupations de tous les jours lui semblèrent charmantes, maintenant qu'elles lui donnaient une contenance en présence de l'homme qu'elle aimait. Que vous dirai-je ? Elle se mit à chérir cette humiliation de sa maison ouverte à toute heure, en ne songeant qu'à l'heure où son amant pourrait venir. Tout s'embellissait pour cette laborieuse; elle n'était plus la servante du public : au contraire, ces gens qui allaient et venaient, préoccupés de leur correspondance avec les marchands d'alentour, devenaient les complices de cette honnête et chaste passion.

Ils passèrent ainsi les derniers jours du second hiver, oubliant et se croyant oubliés. Sitôt que le printemps eut ramené la feuille à l'arbre, avec la chanson, ils se hasardèrent par ce bel avril à se promener sur les hauteurs du village où tout renaissait. La belle promenade à côté, celle-ci, de celui-là! Ils montaient doucement, sans se montrer, sans se cacher, ces collines fécondes ; le jeune homme, à chaque instant, reconnaissait content les sentiers de l'école buissonnière. Ils étaient en fleurs, les buissons.

« Voici, disait l'ex-chevalier des Sablons, le chemin qui mène à la vigne à Jean-Claude. En prenant par là, nous allons droit au clos de mon cousin Jacques. »

Et tournant à droite, pour éviter le cousin Jacques, ils furent s'asseoir, suivis du jeune Arthur, sur les rochers de Bellevue. — A cette place où sa mère un jour fit dresser un toit rustique, il conduisit ses deux compagnons charmés de leur découverte, et tous les trois, assis sur la plate-forme adossée au rocher, ils contemplèrent, sous leur manteau de neige et brillantes des clartés d'un beau jour, les Alpes dauphinoises, les plaines souriantes, les peupliers balancés par un vent frais et tant de ruisseaux sans nom qui roulaient légèrement leurs flots argentés jusqu'au moment où le vieux Rhône emportait le doux murmure dans son flot impétueux.

En cette extase ineffable, il advint que l'interné voulut porter à sa lèvre éloquente la belle main de sa chère Hélène, et la jeune fille, obéissante à la douce pression, sembla répondre au jeune homme... Il n'y eut pas d'autres fiançailles entre les deux amoureux.

Après un silence :

« Monsieur l'interné, disait Hélène, à cette

place où nous sommes; il ne faudrait pas oublier qui vous êtes, et qu'au delà de cette ravine il ne vous est pas permis d'aller plus loin. »

En même temps, elle franchit la limite et d'un bond léger elle s'enfuit dans le pré voisin.

« Mon ami, dit-elle, ici s'arrête votre île d'Elbe. Un pas plus loin, vous êtes un relaps. »

Puis, rieuse et contente, Dieu le sait! elle s'aperçut qu'à cette limite, où tout finissait pour l'interné, ses dix-huit ans venaient d'éclore. Ils s'étaient fait attendre un peu, qui le nie? Ils en étaient plus charmants.

« Ah! méchante, ah! cruelle, disait l'interné, vous abusez des limites de mon royaume et de ma patience. Ayez pitié de Jean sans Terre. »

Et soudain, prenant sa grosse voix, il disait comme l'ogre de la fable :

« Descends-tu ou je monte. »

Et l'enfant de rire :

« Il est là comme César, mais comme un César qui n'oserait pas franchir le Rubicon. »

Têtes innocentes ! doux ramages ! Ils n'entendaient pas la menace et le tonnerre qui devaient les frapper.

Dans le pré où se tenait Hélène en défiant son amoureux, une jeune femme à demi cachée allait cueillant les fraises et les violettes printanières, et d'une main leste en remplissait sa corbeille. Elle chantait d'une voix très-douce une chanson du pays, dans le patois original. C'était un chant moitié triste, moitié gai; on le chantait le dimanche, alors c'était un cantique. En le ralentissant, le cantique devenait complainte. Auguste Ducoudray, avant de comprendre un seul mot des langues savantes, était passé maître à parler ce doux idiome. Il n'y a pas de musique égale au patois de ces pays voisins de l'Italie. On dirait qu'Arioste et Pétrarque ont semé dans ces régions leurs amoureuses cantilènes, — que la fontaine de Vaucluse arrosait autrefois ces prairies. Le patois, c'est le vagissement de l'enfant au berceau, c'est la complainte de la nourrice au chevet du nourrisson, le premier accent humain qui ait porté une idée à l'esprit de l'enfant, une émotion au cœur du jeune homme. Enfin, si par bonheur le *parler gent* se mêle à quelques modulations du village engrenées l'une à l'autre, comme au bienfait la reconnaissance, on chercherait vainement une chanson plus gaie ; il n'est pas de meilleure joie.

Ainsi chantaient nos premières années peu vêtues et la tête couronnée de roses naissantes. Un instant Ducoudray en oublia même la grâce et le défi de sa jeune maîtresse. Il écoutait, pendant que la chanteuse allait, les mains rougies par les fraises trop mûres, les bras doucement hâlés par le soleil, ses cheveux blonds dans un réseau rouge. On ne voyait pas son visage ; à coup sûr elle était belle ; ainsi prosternée, on devinait la taille élégante. Enfin, au détour du buisson, la voilà qui se relève, et voyant ces trois regards fixés sur elle, elle cessa de chanter. Il fallut un instant pour reconnaître, en ce petit coin riant de l'univers, l'ancienne malheureuse et la ci-devant prisonnière Louise Fleury, tant ces six mois de repos, de travail, de liberté, de prière et de solitude avaient ranimé cette personne anéantie. En son rire et dans sa chanson, si le chagrin était parti, la mélancolie était restée. Après un moment d'hésitation, elle vint au-devant d'Hélène, et, lui tendant sa corbeille avec un beau geste qu'elle avait pris de sa marraine, elle lui dit :

« Soyez la bienvenue, madame, en ces domaines sauvés par mon ange gardien. Je lui dois tout, la vie et la liberté. Il m'eût rendu l'honneur, si l'éloquence avait ce privilége. Puis, nous voyant si pauvres, mon père, ma mère et moi, une fille à peu près inutile, il a racheté tout ce bien que nous avions perdu par ma faute. »

Alors se tournant vers Ducoudray, resté sur le bord du ravin :

« Je ne saurais trop vous admirer et vous remercier, défenseur éloquent d'une infortunée, ange de miséricorde, ô mon maître ! Et voici la prière que j'adresse au ciel le matin et le soir : « Faites, mon Dieu, qu'il « soit béni dans le présent, dans l'avenir, dans « son épouse (elle se tournait vers Hélène) et « dans ses enfants ! »

Hélène accepta la corbeille que lui tendait

Louise, et ces deux femmes, aux deux extrémités du monde civilisé par leur naissance et leur conduite, se donnèrent la main en signe d'alliance. Hélène eut bientôt rejoint son frère et son compagnon, et tous les trois ils revinrent au logis, rendant grâces à Dieu de cette heureuse matinée. Avril souriait, agitant sur leurs pas les ébéniers et les acacias en fleurs.

Ces instants d'un bonheur si rare et si complet passent beaucoup trop vite, même pour les heureux de ce bas-monde, qui sont restés les maîtres de leur pensée et de leur action. Mais si vous supposez de pauvres gens privés de leur libre arbitre et tout courbés sous le joug des volontés subalternes, vous aurez compris par quel triste privilége le bonheur n'est pas fait pour ces persécutés. Au-dessus de leur tête innocente est suspendue à quelque fil l'épée à deux tranchants. Au repos, la menace; à chaque pas, l'obstacle. Ou bien, si par bonheur l'oubli les mène un instant, la réalité sauvage a bientôt retrouvé tous ses droits. Ducoudray, béni par les malheureux qu'il a sauvés, et tenant à son bras cette beauté dont le regard tendre était comme une étoile en plein nuage, pour peu que le jeune homme eût été libre et le maître de sa destinée, aucun bonheur n'eût été comparable au sien.

Sa dernière victoire avait été complète. En vingt-quatre heures il avait retrouvé son génie et son talent. Il avait tiré de l'abîme une enfant protégée par la mère qu'il avait perdue ; il avait entendu, un jour d'élection, son nom proscrit retentir d'un bruit formidable. A son premier regard, les délateurs avaient pâli, et plusieurs parmi les lâches qui l'avaient abandonné se repentaient de leurs mépris. Enfin, pour mettre un comble inespéré à tant de grâce, il avait trouvé toute une famille : une fiancée, une mère, un jeune frère, des adoptions, des sourires, des bontés Encore un peu de temps, sans doute, et l'injustice enfin sera lassée, et l'équité souveraine, ornement du genre humain, lui rendra la volonté, la liberté, tous ces droits qui s'étaient anéantis dans un moment funeste. Oh! le beau rêve!...

Ils eurent bien quelque peine à tout disposer pour leur mariage, et de gros murmures à subir. Mais enfin, la mariée et le marié, chacun trouva ses témoins, et la plus aimable fille du village, mademoiselle Thérèse, accepta toute contente l'emploi de demoiselle d'honneur; il est vrai que le jeune Arthur devait donner la main à la fillette. A la mairie, au préalable, il fallut consulter de vieilles lois des temps de proscription ; M. l'adjoint, sur le refus du maire, avait consenti au mariage de l'interné. Ce maire-adjoint était un sage, et n'avait pas d'ambition. « Ça marche ! et nous voilà presque au port ! s'écriait Ducoudray avec un beau rire. Il ne faut plus maintenant que dresser le contrat et nous faire une donation réciproque de tous nos biens... »

Bref, c'étaient des contentements à n'en pas finir.

Le malheureux ! il comptait sans l'espionnage et sans les trahisons d'alentour. Il avait oublié, l'imprudent ! son dernier triomphe et la défaite du jeune avocat général qu'il avait réduit au silence. En même temps, les dévoués à tout prix racontaient dans leurs sapes l'assentiment du président, l'émotion de la foule, l'admiration du barreau, et tous ces avocats, jeunes ou vieux, se précipitant dans les bras de leur illustre confrère. « On n'a jamais vu pareille arrogance, enfin, le défi de ce *misérable* à toutes les forces de la société civile n'a-t-il pas été poussé à ce point, qu'il a donné publiquement le bras à cette Louise

Fleury ? L'un et l'autre, ils ont marché le front levé, comme un frère et sa sœur qui reviendraient de la ville à leur maison des champs !... »

Voilà les murmures, voilà les rapports que se renvoyaient l'un à l'autre, avec toutes sortes d'amplifications lamentables, les gens de police, indignés de tous ces respects. C'est très-vrai : sitôt que certaine justice a touché à certains malheurs, la pitié devient une injure que les fanatiques de la force ne sauraient tolérer.

Mais ce fut surtout lorsque, en dépouillant l'urne électorale des circonscriptions voisines des Sablons, on eut vu sortir trois cents fois le nom de l'ancien représentant du peuple, et quand il fut bien avéré qu'un retour était possible de l'ancienne adoption publique pour ce héros anéanti, que la délation n'eut plus de bornes. Il pouvait donc reparaître? Il serait donc, un jour ou l'autre, installé dans la même autorité? La chose était intolérable. Il fallait prononcer en toute hâte le *Caveant consules :* Sentinelles, prenez garde à vous !

Dans les mêmes rapports, mais sur un ton moins vif, apparaissaient Mme de Marville et sa fille, et même en un coin le jeune Arthur. D'où venaient ces dames? Elles étaient de race ennemie et, sans contredit, mal pensantes. Pourquoi donc les maintenir dans une position qui rendrait si content plus d'un sujet fidèle et sans emploi? Ces dames étaient si fières envers tout leur entourage ! A peine si elles avaient fait une visite aux puissances établies, et tout de suite, bravant l'opinion publique, elles avaient ouvert leur porte au proscrit. Ainsi, ces pauvres femmes étaient enveloppées, sans le savoir, dans le mécontentement de tous ces gens, ennemis naturels de l'élégance et de la réserve en toutes choses.

Elles ne s'en doutaient guère, et se croyaient à l'abri de ces délations. Jamais ces deux amants n'avaient été plus paisibles qu'à l'heure où tout les menaçait, même ce vieux Rhône, leur voisin, qui revient trop souvent dans mon récit; mais, quoi de plus? il se montre à chaque instant dans le village habité par les deux proscrits.

Le Rhône est moins une fleuve régulier roulant tranquillement son eau fécondante, qu'un torrent vraiment sans frein et sans loi. Il n'obéit qu'à son caprice, à ses colères. Dans les temps de calme, il s'en va, joyeux, rejoindre au loin la Méditerranée éclatante. Il est le bienfaiteur de la contrée, et tout fleurit, tout mûrit sur son rivage. Il est la fortune et l'orgueil de ces beaux lieux. Cependant ne vous fiez pas à sa clémence ; il a ses instants de folie, et rien ne résiste à sa rage. Soudain le voilà, renversant le pont, brisant la digue et charriant des îles entières qu'il ôte à celui-ci pour les donner à celui-là. C'est la loi des alluvions : le torrent furieux fait du riche un pauvre, et du pauvre il va féconder, par la terre opulente, un sable stérile. Son histoire est remplie de ces sortes d'accidents, que les familles se racontent de génération en génération.

On touchait à la fin de ce beau printemps. L'été brûlait la plaine, et le mont se dorait des plus belles couleurs. Dans le jardin, déjà plein des espérances de l'automne, s'épanouissaient les dernières fleurs. C'était un dimanche, et, leur tâche étant accomplie, Mme de Marville, sa fille et le bel enfant, étaient venus passer la fin du jour avec leur ami l'interné. Le moment était solennel : avant qu'il soit vingt-quatre heures, ils seront mariés.

« Ma toilette est prête, et j'espère, monsieur, que vous vous ferez aussi beau que possible. Avez-vous commandé les dragées? Avez-vous prévenu les violons, la musette et les tambours? Le capitaine Armand, mon témoin, m'a promis d'être ici de très-bonne heure, et je suis sûre que votre ami, Victor Chasseloup, sera fidèle au rendez-vous. Nous ferons, s'il vous plaît, beaucoup d'aumônes, nos vieillards seront contents. »

Voilà comme elle parlait, regardant le soleil couchant, qui brillait d'un éclat étrange. Et plus elle était gaie, et plus Ducoudray (c'est le contraste!) éprouvait je ne sais quelle peine au fond de son âme attristée. Il était devenu très-prévoyant depuis qu'il était amoureux.

« Hélas! disait-il, chère Hélène, au moment de partager avec vous cette humble fortune, voilà que je me trouve dénué de tout. A peine si je pourrais me passer de la prochaine récolte; et nous serions tout à fait ruinés, si je voyais mon pré brûlé par le soleil ou ma vigne brûlée par le froid. Vous voyez là-bas, dans ce tourbillon, ce petit coin de terre où croissent paisiblement tant de vieux saules ? si je n'avais plus ces vieux saules, je ne saurais pas comment payer l'impôt. Cela s'appelait autrefois le *château des Sablons*. Quelques-uns disaient : la baronnie... Un coup de vent briserait le château; la baronnie est vermoulue... Et songer qu'au moment où j'étais libre, où j'étais quelqu'un, je pouvais gagner en six semaines le revenu de mon île et la valeur de mon château ! »

Il disait cela moitié triste et moitié gai. Cette ambition qu'il n'avait pas pour lui-même, il la retrouvait, en songeant à ses devoirs tout nouveaux. D'ailleurs ses calculs étaient justes ; il était vraiment très-pauvre ; sa famille à venir le charmait tout ensemble et l'inquiétait.

Hélène, attentive aux moindres paroles de son fiancé, l'écoutait d'une façon bienveillante, et, docile, elle avait déjà fait de son côté les mêmes réflexions qui la rendaient plus forte et plus dévouée. Elle comprenait que la plus grande peine de l'homme dont elle portera le nom, c'était son talent inutile et sa gloire impuissante. Elle ne voyait que le côté vulnérable, et, riche ou pauvre, elle faisait bon marché de tout le reste. Elle avait la foi, elle avait l'espérance et la charité, les trois vertus, ou, pour tout dire en un seul mot, elle avait l'amour.

« C'est très-vrai, disait-elle à l'interné, *M. le baron* n'est pas riche ; il est vrai que *Mme la comtesse* est fort pauvre. Elle est sans défense aussi bien que vous. Il suffirait d'un ambitieux de la poste aux lettres des Sablons pour nous réduire à la misère. Ainsi, mon ami, rendons grâces à Dieu du peu de bien qu'il nous a laissé. Combien d'exilés, de vaincus, de soupçonnés qui se croiraient très-heureux, s'ils possédaient comme nous le pain et l'abri, et sur les espaliers ces belles pêches, sur les arbres ces beaux fruits ! Ne nous désolons pas, nous sommes heureux pour peu que le malheur nous oublie. Il ne viendra pas nous relancer, que je sache, au bout du monde, à la veille d'un si beau jour. »

Ainsi elle parlait de sa voix charmante. On lisait dans son regard toute la grandeur de son âme. Ils cessèrent bientôt de parler du pain de chaque jour, et comme l'enfant riait, chantait et causait, ils se mirent à l'écouter, rêveurs et songeant au babillage à venir. Cependant le vent avait fraîchi, le ciel s'était abaissé, l'éclair déchirait le nuage; un grand silence envahissait les champs d'alentour. Ducoudray reconduisit jusqu'à leur porte Hélène et sa mère, en se hâtant.

« Adieu donc, ma chère Hélène! ma chère femme! à demain! Ne dormez pas trop longtemps. »

Il revint en toute hâte, inquiet sans trop savoir d'où venait son inquiétude. Il y avait dans la terre et dans le ciel comme une immense lamentation. Sous le coup de ces présages redoutables, il mit en ordre et brûla tous les papiers inutiles, et même ces lâchetés imprévoyantes que les méchants croient à jamais enfouies et qui souvent reparaissent à leur éternelle confusion. Du temps de sa grandeur, il avait reçu beaucoup de promesses, de pétitions et de confidences... il n'en voulut rien garder. « Tant pis pour ces pleutres, disait-il, je ne leur fais pas l'honneur de m'en souvenir. » Voilà comme il dépouilla le vieil homme en faveur de cette charmante passion qui se montrait dans sa vie ; et s'il ne chercha pas la réconciliation avec son père, c'était encore par piété filiale... Il savait le secret de son père, et de tous les chagrins qui l'avaient assailli dans sa défaite, il n'en savait pas de plus cruel que cet inexplicable abandon. « De quel droit me fâcher contre mes amis, quand mon père lui-même leur a donné l'exemple de la défection ? »

Une voix qui parlait à son âme et qu'il entendait dans les moments les plus difficiles, c'était la voix de sa mère. Elle apportait à son fils tantôt le conseil, tantôt l'espérance, et toujours la force. Il admirait par quel miracle elle était venue à son aide en lui renvoyant cet argent avec lequel il avait racheté l'honneur de son père! « Ingrat que je suis, pensa-t-il, j'avais oublié que j'en avais gardé la moitié. »

Cette petite réserve, enfermée avec soin dans son coffre, le rassura sur les malheurs qui pouvaient l'accabler encore. Il prépara de son mieux, puisque c'était la volonté d'Hélène, son habit de noce. Enfin, toute chose étant prête pour la fête du lendemain, comme il se sentait oppressé par tant de solitude et de souvenirs, il ouvrit la fenêtre et voici le spectacle affreux qui s'ouvrit à ses yeux.

L'orage, qui menaçait depuis tantôt, avait pris soudain des dimensions énormes. Les nuages amoncelés arrivaient et s'étendaient de toutes parts en tourbillons silencieux, et s'abaissaient lentement sur ces flots verdâtres. On ne voyait plus le fleuve, on le pressentait. Il avait cessé d'obéir à sa loi suprême; il remontait à sa source avec des bouillonnements infinis, l'abîme appelant l'abîme, et le torrent heurtant le torrent. Dans cette nuit sans étoiles et sans espoir, on n'entendait que le bruit sourd de l'avalanche, avec des plaintes sans fin, des murmures confus; le vent qui s'élevait, frappant la terre et les flots avec cette ardente obstination que rien n'arrête.

Ah! quelle nuit d'épouvante! Il y avait cependant là-bas des gens qui dormaient, c'étaient les brutes; il y avait des gens qui priaient, c'étaient des amoureux ou des croyants.

L'interné, qui connaissait son fleuve de longue date, suivait, non pas sans terreur, le mouvement et le bruit exaspéré de cette onde en tumulte.

Au milieu de la nuit, le torrent débordé, poussant la porte comme un voleur de nuit, envahit le jardin, entra dans la maison, et bientôt monta jusqu'aux chambres supérieures.

A peine si l'homme assiégé eut le temps d'emporter son trésor, ses habits de noce et de sauver son implacable servante, qu'il traîna jusqu'au grenier de la maison. De ces hauteurs chancelantes sous l'orgie épouvantable des vents, de la pluie et du flot qui monte, il put contempler, à la pâle lueur du matin, l'étendue et l'extrémité de son désastre.

Malheureux, qui te plaignais d'une pauvreté que tu regarderais comme une fortune, à cette heure! Il est tombé, ce mur qui gardait ton domaine; il n'est plus qu'un monceau de fange, ce jardin, le dernier asile de ta liberté. Ces arbres chargés de fruits s'en vont à la dérive, emportés par le courant furieux.
— Tes abeilles, surprises par l'inondation, cherchent en vain un passage. O mon Dieu! plus un cri dans l'étable et plus un chant dans la basse-cour. Tout est ruine, abomination, silence, épouvante.

Dans le lieu le plus menacé, à l'endroit où le fleuve irrité rencontrait un rempart de vieilles écorces, il voyait peu à peu se détacher de son île un fragment, puis un fragment... encore un fragment de la terre féconde où brillait l'herbe des prairies, où les saules penchaient leurs têtes verdoyantes.

C'en est fait! l'île est perdue, ou, pour mieux dire, elle a changé de maître! Avant peu de jours, toute chose étant rassérénée sur l'une et l'autre rive, un autre enverra ses troupeaux dans ces pâturages, un autre ébranchera ces beaux arbres... *Barbarus has segetes!*

Il assista, sans un cri, sans verser une larme, à ce dépouillement définitif du petit bien qui lui restait.

Cette fois, ce n'était pas une vision, ce n'était pas un rêve! Il cherchait, là-haut, dans le ciel, une étoile, une consolation... il écoutait tomber la pluie, voyait disparaître sous les coups redoublés de toutes ces fureurs la dernière espérance de sa vie.

Pas un ne dira jamais son inquiétude et sa douleur au sommet de cette maison, où tout chancelle. Et maintenant : quelle sera la révélation des premières clartés du jour? — Quels débris resteront à leur maître légitime? Cependant, sur les hauteurs où le village est bâti, dans la nuit profonde, il voyait briller une douce et paisible clarté :

« Voilà, se dit-il, voici ma force et mon espoir! Ma jeune épouse est là-bas, priant pour moi. Courage! les hommes sont encore moins cruels que les éléments. »

Enfin le grand jour se fit dans ces ruines; le soleil se leva radieux; l'interné s'entendit appeler par une voix d'enfant qui lui disait :

« Mon frère, est-ce vous ? »

Le jeune Arthur avait grimpé jusqu'à son beau-frère par une échelle, et son doux sourire apportait la consolation. L'âge heureux ne connaît pas toutes nos craintes. Si la tempête éclate et gronde au loin, l'enfant joue et rit avec l'éclair; si l'eau monte en grondant, l'enfant ne voit que la beauté de l'orage et ne s'inquiète guère des rives dévastées. Tout est fête et joie à ces regards naïfs et charmants :

« Mon frère, hâtez-vous, n'oubliez pas de vous parer, c'est ma sœur qui l'a dit. Nous sommes attendus à l'église; allons, vite. On ne fait pas attendre mademoiselle Thérèse, la fille d'honneur. »

Le moyen de ne pas sourire à l'ingénu qui vous appelle, à l'épouse qui vous attend?

Le naufragé s'habilla de son mieux, puis, dans un bateau à deux rameurs, il descendit le fleuve, au fil de l'eau courante, et se rendit compte, en ce fatal trajet sur l'une et l'autre rive, de tout le désastre de la nuit.

Le cyclone avait tout ravagé; on eût dit que sa fureur s'était dépensée à bouleverser ces deux arpents de terre. Plus de jardins, plus d'espaliers, plus de murailles; l'île à l'épaisse verdure avait disparu; elle appartenait désormais par le droit d'alluvion à maître Jean Lebec; la vigne avait glissé sur un mauvais pré, et bientôt elle donnera ses fruits à maître Ernou. La fortune, encore une fois, avait enrichi le traître et favorisé le délateur.

Tel au temps des Césars, quand la force était tout, et que le soldat victorieux s'emparait de la cabane du pâtre, Octave payant du bien des laboureurs la toute-puissance que lui donnaient ses soldats, le triste Mélibée emportait dans ses bras les deux petits chevreaux qu'il avait ramassés dans la poussière du chemin.

C'était la nécessité qui le voulait ainsi :

Adieu, champs paternels, moissons, terre féconde!

Adieu, patrie !

Ainsi songeait le *dépossédé*. « Gloire à Jean Lebec, fortune à mon ex-ami Philippe Ernou. C'est justice ! » Oui, mais il était attendu par sa chère Hélène ; il savait que, pauvre ou riche, elle était désormais sa compagne, et qu'un seul moment lui restait d'un bonheur complet :

« Pourquoi donc, imprudent ! irais-je, en lui racontant ma misère, troubler son espérance et son repos ? » — Sur quoi il se hâta de la rejoindre. Elle était à sa fenêtre ; elle était parée à ravir. Elle portait le beau voile que sa mère avait porté le jour de ses propres noces ; à son côté brillait le bouquet d'oranger que lui avait offert la jeune demoiselle d'honneur. La mère allait et venait autour de sa fille ; les témoins avaient oublié les angoisses de la nuit passée.

Ainsi, à chaque pas que faisait l'interné vers cette heureuse demeure, il sentait revenir son courage ; les villageois, qui savaient sa ruine, s'étonnaient de la fierté de son allure et du calme répandu sur ses traits.

— Il faut donc, se disaient-ils, qu'il soit bien amoureux pour oublier que ses deux ennemis s'occupent en ce moment, l'un à palissader la saulée, et l'autre à replanter la vigne que l'orage enlevait, cette nuit, au domaine des Sablons.

Cependant la cloche appelait à l'église les mariés, les témoins, les amis, les curieux, ceux que l'orage avait touchés, ceux que la tempête avait épargnés. Mademoiselle de Marville, au bras du capitaine Armand, en grand uniforme, semblait défier la destinée; et son fiancé, conduisant sa mère, pendant que son frère égayait le chemin de son beau rire, à côté de la belle Thérèse en ses plus beaux atours, elle se sentait heureuse et forte.

On entendait le bruit du fifre et le son du tambour; l'église était parée, et les jeunes gens, avec les filles à marier, se pressaient aux portes pour voir passer ce bonheur d'un instant. Bientôt toute l'église fut remplie; le prêtre à l'autel ne fut pas le dernier à se sentir touché des grâces de l'épouse et de la beauté du mari. — Alors, comprenant toute la grandeur de sa parole, et qu'il importait de ramener tous ces faibles esprits qui l'écoutaient au respect pour le dévouement de la jeune femme et pour le courage du jeune homme, il parla simplement, rendant toute justice à celui-ci, à celle-là.

« Tous les deux, disait-il, vous avez été consacrés par le malheur. Tous les deux vous avez appris, de bonne heure, à quels changements la vie humaine est exposée. Ayez confiance au Dieu juste. Attendez l'heure, et cependant soyez-vous, l'un à l'autre, une force, une consolation. »

Chacune de ses paroles retentissait dans ces âmes rustiques, et ces pauvres gens revinrent bien vite à leur bon naturel. Ce sont là de tes miracles, ô charité, gardienne austère des bons cœurs ! Cachée et modeste, du fond même de ton humilité, tu encourages et tu sauves, plus forte dans ton humble ferveur, que les puissants dans leur orgueil.

Sitôt qu'ils furent mariés et que le prêtre eut pris congé de ces deux adoptés qu'il ne devait plus revoir, ce fut autour d'Hélène et de son mari un mouvement ineffable. On baisait les mains de celle-ci, on serrait la main de celui-là. Vignerons et laboureurs leur disaient dans ce langage des yeux qui ne trompe guère : « Maintenant, soyez des nôtres, vous êtes nos amis ; nous vous adoptons ; nous vous reconnaissons. » Eux cependant ils faisaient leurs largesses aux enfants, ils offraient aux pauvres leur aumône, si bien que leur retour fut un triomphe. « Et c'est maintenant que je te défie, ô fortune ! » disait Ducoudray.

Mais à peine ils furent rentrés dans l'humble maison où madame de Marville, qui les avait précédés, ouvrait déjà son *courrier*, là s'arrêta cette prospérité d'une heure. A l'aspect d'une grande lettre à son nom, la mère avait pâli; la lettre ouverte et parcourue. — « Ami, disait la jeune épouse, c'est maintenant qu'il nous faut appeler tout notre courage à notre aide. Ils n'ont pas voulu, les cruels, nous donner vingt-quatre heures de répit. » De grosses larmes, à ces mots, brillaient dans ses beaux yeux.

— Je sais ce que contient cette lâche missive... ils vous ont destituées, disait Ducoudray, cela devait être. Ils ne pouvaient pas tolérer qu'une fonctionnaire accordât quelque pitié au proscrit? »

Il prit la lettre et la lut lentement. Rien n'était plus vrai : la veuve et l'orphelin étaient chassés de l'emploi qui les faisait vivre, ou tout au moins ils étaient confinés à l'autre extrémité de la France, au milieu des neiges éternelles.

« Qu'allons-nous devenir? disait la mère, sa fille la serrant dans ses bras. Leurs paroles entrecoupées de sanglots, leur silence mêlé de sourire, leurs projets sans fin, leurs espérances sans limites, nous ne saurions les redire. Hélène était la femme forte, et la première elle entrevit que peut-être ils pouvaient se sauver encore.

« — Oui, disait-elle, et puisqu'il le faut, nous resterons ici. Avec ces débris et ces lambeaux, nous entreprendrons un petit commerce. Il y a déjà longtemps que j'étais prête à tout. »

Elle parlait encore, sa parole s'arrêta sur ses lèvres en voyant deux hommes qui descendaient d'un cabriolet en demandant Auguste Ducoudray?

« C'est moi! » dit-il.

Et tout de suite il reconnut ce même président des assises qui l'avait entouré d'une évidente protection.

« Monsieur, lui dit le magistrat, nous

sommes porteurs d'une fâcheuse nouvelle.
Écoutez-nous, cependant, avec grande attention; tout peut encore se réparer. J'accompagne M. le commissaire général que voici, avec la ferme volonté de vous faire accepter des ouvertures qui me semblent honorables, et je m'estime un homme heureux si vous daignez écouter mon conseil.

— Monsieur le président, répondit l'interné en lui offrant un siége, il n'y a pas d'homme en ce moment pour qui je professe une plus juste déférence. Ainsi, pour peu que vos propositions soient acceptables, monsieur le président, je les accepte. Hélas! l'heure est bien choisie, en effet, pour rencontrer une âme obéissante. Cette jeune femme est la mienne depuis une heure. Elle reçoit à l'instant la révocation de son emploi.

« Quel moment plus favorable, en effet, pour compléter notre ruine? Cette nuit même l'orage enlevait la meilleure part du bien qui m'était resté. Vous avez dû rencontrer, en côtoyant le fleuve, les terres et les moissons qui ne m'appartiennent plus! Parlez donc, je vous prie, et voyons si la mauvaise nouvelle que vous m'apportez se peut comparer à celles-là. »

Le vieux président, touché jusqu'au fond de l'âme à l'aspect d'une fortune si cruelle, fit signe à M. le commissaire, et celui-ci, de la façon la plus naturelle, exhibait un ordre ainsi conçu : « Auguste Ducoudray, interné dans le village des Sablons, n'ayant donné que des exemples de révolte, et soutenu par tous les démocrates du pays, sera transporté dans les vingt-quatre heures sur les frontières du Nord, pour y subir son exil jusqu'à parfaite soumission. »

L'ordre était formel; le malheur était à son comble, et pourtant (c'est un des mystères du cœur humain) la jeune épouse, à mesure qu'elle voyait s'évanouir leurs dernières espérances, relevait la tête. Elle éprouvait un secret plaisir à voir la ruine de son mari égale à la sienne, et que désormais leur péril étant le même, ils n'avaient rien à s'envier l'un à l'autre. M. le commissaire était très-étonné de cet orgueil qu'il ne pouvait comprendre.

Au contraire, le président, de son regard clair et pénétrant, lisait ce qui se passait dans ces âmes fortes et fidèles, à mesure que le péril grandissait.

— « Maintenant, reprit-il après un silence, Auguste Ducoudray, le condamné, le proscrit, dépouillé de tous vos droits, député sans tribune, avocat sans cause, écrivain désarmé, vous pouvez en vingt-quatre heures sortir des ténèbres, pour entrer dans la lumière et remplacer par la plus haute fortune une misère implacable. Voyons, que voulez-vous?

« On vous fait libre, et pour tant de biens on vous demande une soumission que la nécessité vous impose. Un seul instant de justice avec vous-même, un instant de pitié pour votre nouvelle famille entraînée à votre suite dans les abîmes sans nom, Ducoudray, vous êtes sauvé! Pensez-y. Quand vous aurez compris l'impuissance de cette inutile protestation; quand vous verrez le genre humain marcher sans s'inquiéter des opinions du citoyen Ducoudray; si même il vous plaît de regarder autour de vous et de compter combien de vos meilleurs amis ont partagé l'assentiment universel, vous signerez, séance tenante, une prière accompagnée d'un serment.

« Sur quoi je vous fais libre, et vous emmenez demain, triomphante au milieu de Paris, la vaillante femme qui s'est donnée à vous, quand c'était presque un crime de vous saluer par les chemins. »

A chaque parole du magistrat, le commissaire général approuvait de la tête, et semblait s'étonner que l'homme ici présent n'eût pas encore signé des deux mains. Le président, quand il eut parlé d'une voix convaincue, eut bientôt repris son attitude ironique et son regard dédaigneux. Mais nous ne saurions reproduire, en ce moment, l'épouvante qui se montrait grandissant à chaque parole sur le charmant visage de Mme Hélène Ducoudray.

Sa vie était certainement attachée à la réponse de son mari. Il pouvait, d'un mot, mériter l'estime ou le mépris éternel de la femme intrépide qui portait son nom. Ah! qu'elle était superbe, inquiète, aussi voisine des larmes que de la colère, et terrible et touchante à la fois !

Une pareille minute peut compter pour vingt ans dans l'existence d'une créature humaine : ou la honte, ou l'honneur ! Mais elle fut rassurée bien vite, et son mari lui prenant la main, une main pleine de fièvre :

« Non, monsieur le président, je n'accomplirai pas les lâchetés qu'on me propose, et vous-même, ou je me trompe fort, vous ne voudriez pas me les conseiller sérieusement. Quoi donc ! je donnerais ce triste exemple, et j'affligerais les vaincus tels que moi, de ma honteuse génuflexion ! Où donc serait la vertu si la persécution la faisait taire ? Où serait la liberté s'il fallait y renoncer au premier obstacle? Enfin, comptez-vous pour si peu dans le respect que les hommes se doivent à eux-mêmes, la sanction de l'exemple?

Hélas! je suis bien peu de chose, au fond de ces abîmes. Je ne suis qu'un proscrit, un homme sans nom, un citoyen sans patrie, un orateur sans emploi; mais à Dieu ne plaise que je démente ici, sous les yeux de cette épouse admirable qui mourrait de chagrin si j'y manquais, ces préceptes de toute ma vie. Voilà ma réponse. Adieu, monsieur : Nous partirons tous les quatre après-demain, au point du jour, entourés d'un respect unanime, et pleurés des honnêtes gens.

— C'est votre dernier mot, monsieur? reprit le commissaire général.

— Mon dernier mot, » reprit l'interné.

Le commissaire ahuri sortit en haussant l'épaule, et le vieux président se retournant vers l'interné :

« Pardonnez-moi, lui dit-il, d'avoir accepté cette épreuve dont je savais le dénoûment à l'avance. Allez, jeunes gens et nobles cœurs, ce n'est pas à votre âge, avec tant d'avenir, que l'on se déshonore en brisant l'idole adorée, et vienne enfin le jour qui doit récompenser cette obstination vertueuse. »

A ces mots, il salua, plein de respect, Mme Hélène Ducoudray.

Désormais, le lien léger qui le retenait au sol natal était brisé,... pour toujours peut-être. Il fut quelque temps avant que cette fièvre suprême fût apaisée, et, retrouvant enfin le sang-froid qui ne l'abandonnait guère, il revit d'un coup d'œil tout le malheur de sa nouvelle position. « C'est donc fini? se disait-il; plus d'espérance! Il me faut dire un éternel adieu à ce peu qui me restait de ma chère patrie! Hélas! j'avais encore à mon usage un toit qui me protége, un champ pour me nourrir; j'étais entouré des hommes de mon pays; eux et moi nous parlions la même langue, et nous avions la même origine... Il n'y faut plus penser! Encore vingt-quatre heures, tout sera dit! O malheureux! malheureux ! »

En même temps il se rappelait, non pas sans épouvante et sans regret, peut-être, qu'il venait d'associer à sa misère, une femme à ce point vaillante et dévouée... Et cette femme entraîne en sa ruine un frère adolescent, une mère lassée enfin d'avoir traversé tant d'épreuves !

Quelle charge d'âmes ! Il allait plus loin : il se voyait déjà père de famille, et que répondre à son fils quand l'enfant lui demandera compte de sa patrie absente?... Exilé, fils d'exilé ! sans patrie et sans nom !

Comme il se plongeait dans sa rêverie, il entendit frapper à sa porte, et, la porte ouverte, il vit entrer... devinez qui? Son père ! A peine il eut appris le suprême exil de cet enfant qu'il avait renié, le père au désespoir avait senti tomber sa colère ; il avait oublié toutes ses haines ; il s'était souvenu de sa femme éteinte, et sans doute aussi de la plaidoirie éloquente qui l'avait sauvé d'une honte éternelle. Entouré de tous ces regrets et de tous ces remords, le baron Ducoudray n'avait plus d'autre souci que d'implorer le pardon de son fils, mais son fils fut le premier à lui ouvrir ses bras tremblants de joie... Le pardon fut sincère de part et d'autre. Alors le vieux gentilhomme, au moins de ce côté-là, retrouva le calme et le repos.

Ils s'en furent ensemble à la triste maison où ces deux résignées faisaient leurs préparatifs de départ, et la belle jeune femme accueillit avec tant de grâce et de bonté cet hôte inespéré, que le père et le fils en furent touchés jusqu'aux larmes! Elle n'avait jamais été plus digne et plus forte qu'au moment où elle venait de comprendre l'étendue et la nécessité de son malheur. Elle consolait sa mère, elle encourageait son frère, elle souriait à son mari, elle donnait au baron Ducoudray, fier d'une bru dont la mère était comtesse, des espérances qu'elle n'avait pas elle-même.

Il y avait dans la rue et dans tout le village une très-vive émotion ; dans tous les cœurs la sympathie, et parmi les plus injustes, les regrets les plus sincères. Pour la première fois depuis longtemps, l'interné comprit que vraiment il avait retrouvé la patrie. Il reconnut, l'un après l'autre, tous ces endroits choisis devant lesquels il passait naguères sans les voir. Les beaux-esprits de l'ancien café qui portait son nom, et qui s'appelait maintenant le *Café de la Paix*, le saluaient et buvaient à sa santé dans les mêmes verres qu'ils avaient vidés en l'honneur du parti contraire.

A la fontaine où tout babillait à sa louange, il retrouva ses belles danseuses d'autrefois, la Françoise et la Félicie, avec la Marion, qui le tutoyaient de leurs yeux noirs, bleus, châtains. Il entra dans l'école, où si souvent il avait été l'imperator, les enfants bondirent de joie à son aspect, pendant que le vieux maître invoquait le souvenir de son cher élève Auguste.

« Ah! ma foi, disait le bonhomme, il y a trop longtemps que je retiens les sentiments paternels dont mon cœur est rempli pour celui qui restera jusqu'à la fin l'impérissable honneur de mon école. Ainsi chacun voulait revoir l'exilé. C'était à qui toucherait sa main reconnaissante, à qui lui rappellerait des souvenirs de jeunesse. Elle-même, en traversant la place du marché, l'injuste madame Ernou, se sentit rougir du sourire involontaire que la présence du jeune député attirait sur ses lèvres... Mais Ducoudray ne voulut rien voir de ce retour d'une amitié si frivole. En moins d'une heure, il eut pris congé de son village, et plus il sentait l'ancienne amitié renaître et fleurir sous ses pas, plus grandissait sa peine. « Hélas! mon Dieu! que c'est difficile et cruel de quitter ce petit coin de l'univers, juste au moment où voilà qu'il se remplit pour moi de grâce et de bonté. »

Mais quoi ! le sort était jeté, toute sa destinée allait s'accomplir ; on eût dit que ces derniers bonheurs étaient faits uniquement aux regrets de son départ.

Ils partirent le lendemain de très-bonne heure, et ce fut en ce moment surtout que l'exilé reconnut la prévoyance de sa mère. Il eut, grâce à ses bontés, assez d'argent pour entreprendre un si long pèlerinage. Sur la route à peine commencée, ils trouvèrent la triste Louise qui leur apportait ses adieux et les fruits de son jardin. Les paysans dans les champs, les voyant passer, leur disaient tout haut : « Bon voyage et prompt retour. »

Il paraît toujours très-long le chemin de l'exil! La femme en vain suit son mari, en vain le père emporte ses enfants, chaque pas est un supplice, et chaque tour de roue une torture. Elle est trop belle et trop grande cette France, objet sacré des plus justes regrets, pour qu'on la quitte ainsi sans une larme. O chère patrie! abondante en grands esprits, en nobles cœurs, en grandes leçons morales. O terre inépuisable en courage, en vertu, en mérite, en talents si divers! Ciel enchanté! célébré par les plus grands poëtes; monuments consacrés par l'histoire! Hélas! tant de champs de bataille où tant de gloire a passé ! tant de jeunesse et de beauté pour sourire aux pauvres gens sans patrie ! O misère ! ô violence ! Il faut donc abandonner cet horizon divin ? — Voilà comme il est rude à monter, l'escalier de l'étranger.

« Si donc le petit exil, l'exil dans les champs paternels, dans le village natal, au milieu de ses condisciples ou de ses électeurs, est impossible à supporter, qu'allons-nous faire et devenir au milieu du grand exil ? »

Ainsi songeait l'interné pendant que la terre et les côtes françaises semblaient s'éloigner d'elles-mêmes, à l'aspect de ces malheureux.

Et lorsque enfin l'exil se fut emparé de sa proie, et que les chemins de la patrie eurent disparu à ces regards épouvantés... la jeune femme alors fondit en larmes dans les bras de son mari qui se taisait.

C'est la loi universelle! Les femmes pleurent; les hommes se souviennent.

FIN

POISSY. — TYP. ARBIEU, LEJAY ET CIE.

LIBRAIRIES DE MICHEL LÉVY FRÈRES

DERNIERS OUVRAGES PUBLIÉS FORMAT GRAND IN-18
à 3 francs le volume

C. A. SAINTE-BEUVE vol.
Nouveaux Lundis............... 10
OCTAVE FEUILLET
M. de Camors, 9e *édition*......... 1
VICTOR HUGO
En Zélande, 2e *édition*.......... 1
A. DE PONTMARTIN
Les Corbeaux du Gévaudan, 2e *édit.* 1
Nouveaux Samedis.............. 5
ALEXANDRE DUMAS
Histoire de mes Bêtes. 2e *édition*. 1
PREVOST-PARADOL
La France nouvelle, 6e *édition*... 1
MARIE ALEXANDRE DUMAS
Au lit de mort, 2e *édition*....... 1
L'AUTEUR
DU PÉCHÉ DE MADELEINE
Histoire de Souci, 2e *édition*..... 1
AUGUSTIN THIERRY
Œuvres complètes. *Nouv. édition.* 5
ERNEST FEYDEAU
La Comtesse de Chalis, 4e *édition*. 1
Le Roman d'une jeune Mariée 3e *édit.* 1
JULES NORIAC
Les Gens de Paris............... 1
CUVILLIER-FLEURY
Études et Portraits............. 2
D. NISARD
Mélanges d'histoire et de littérature 1
DE STENDHAL (H. BEYLE)
Mélanges d'art et de littérature... 1
HENRI HEINE
Satires et Portraits............. 1
Allemands et Français........... 1
ALEXANDRE DUMAS FILS
Théâtre complet, *avec préfaces inédites*.................... 4
Affaire Clémenceau, 10e *édition*... 1
X. MARMIER
Les Drames du cœur, 2e *édition*.. 1

GEORGE SAND vol.
Mademoiselle Merquem, 2e *édition* 1
Cadio, 2e *édition*............... 1
Le Dernier Amour, 2e *édition*..... 1
L'AUTEUR
DES HORIZONS PROCHAINS
A Constantinople................ 1
H. BLAZE DE BURY
Écrivains modernes de l'Allemagne 1
LA COMTESSE DE BOIGNE
Une Passion dans le grand monde.
2e *édition*..................... 2
La Maréchale d'Aubemer......... 1
GÉRARD DE NERVAL
Le Rêve et la Vie............... 1
Les Deux Faust de Gœthe (*traduction*). Seule édition complète... 1
MAURICE SAND
Miss Mary...................... 1
VICTOR JACQUEMONT
Correspondance avec sa famille et ses amis pendant son voyage dans l'Inde (1828-1832.) *Nouv. édit. revue et augmentée* (la seule complète)...................... 2
PAUL JANET
Philosophie du Bonheur, 3e *édit.* 1
W. DE LA RIVE
La marquise de Cléol............ 1
TH. DE BENTZON
Le Roman d'un Muet............ 1
LA COMTESSE DASH
Les Femmes à Paris et en Province. 1
Comment on fait son chemin dans le monde, 2e *édition*.......... 1
LE COMTE AG. DE GASPARIN
La Liberté morale, 2e *édition*.... 2
PAUL PERRET
Le Château de la Folie.......... 1
LA MARQUISE DE CRÉQUY
Souvenirs de 1710 à 1803. *Nouvelle édition, revue, corrigée et augmentée* d'une correspondance inédite et authentique de la marquise avec sa famille et ses amis...... 5
ÉDOUARD OURLIAC
Proverbes et Scènes Bourgeoises... 1

www.ingramcontent.com/pod-product-compliance
Lightning Source LLC
Chambersburg PA
CBHW050317170426
43200CB00009BA/1362